本書係「敦煌文獻系統性保護整理出版工程」項目成果

二〇二一—二〇三五年國家古籍工作規劃重點出版項目

「十四五」國家重點出版物出版規劃項目

國家古籍整理出版專項經費資助項目

中國國家圖書館藏
敦煌文獻

中國國家圖書館 編

第一〇册

BD00123～BD00136

國家圖書館出版社

DUNHUANG MANUSCRIPTS IN THE NATIONAL LIBRARY OF CHINA

010

BD00123 ~ BD00136

compiled by the

National Library of China

National Library of China Publishing House

顧問　方廣錩　郝春文　榮新江　李際寧

編纂出版　張志清　魏崇　陳紅彦　殷夢霞　薩仁高娃
謝冬榮　劉波　林世田　廖生訓

編纂　林世田　薩仁高娃　常藎心　于瑞　劉毅超
劉波　劉炳梅　周升川　劉婷　程佳羽
沈艷麗　高雅

編輯　潘竹　程魯潔　黄鑫　苗文葉

審稿　孫彦　耿素麗　宋志英　鄧咏秋

凡例

一　本書刊布中國國家圖書館藏敦煌文獻，以館藏編號爲序編排。

二　館藏編號采用「BD+流水號」格式，如BD00001, BD16579等。背面在編號後加v表示。一個編號包含多件文獻者，編號後分別綴以字母A, B, C等。一件文獻含有多個内容者，以數字-1, -2, -3等標明順序。

三　圖版有縮印或放大處另加説明，尺寸超出本書幅面的以摺葉形式呈現。

四　卷軸裝、梵夾裝、經摺裝等裝幀形制的敦煌文獻，各附外觀圖像。

五　每件文獻依次呈現外觀、正面、背面等。背面僅刊布有文字、圖像或其他要素的圖版，而略去素紙部分，背面圖版同樣以從右到左順序編排。凡有外題者，遵從以上原則。

六　除個别特殊情況外，爲保證閲讀連貫、流暢，圖版儘量通欄呈現。

七　各葉上方附該件文獻全圖，以高亮形式顯示本葉大圖在全卷中的位置。部分長卷文獻全圖祇能分多段呈現時，在上段末以〈符標示下段接續。卷尾内容不足一葉時，文獻全圖使用該圖卷尾部分，亦以〈符標示。背面圖版文字與正面文字方向相反時，文獻全圖按原貌顯示，正文翻轉呈現，以便閲讀研究，用◎符標示。

八　文獻題名大體沿用中國國家圖書館此前所編多部敦煌文獻目録的考證，部分吸收學界最新研究成果略作調整和完善。文獻題名綜合參考原卷首題、尾題、外題確定，如原卷題名與該文獻正式名稱不同，則采用正式名稱；無題名者，或比定題名，或擬定新名。非漢文文獻在題名前標注語種。有分卷不同等其他情況者，括注於文獻名稱後。

九　本書著録使用通行繁體字，涉及原文中的人名、地名等，必要時保留原字形。

About this publication

1. The documents are presented in shelfmark order.
2. The shelfmarks are in the form BD plus a running number, eg. BD00001, BD16579, &c. If a given shelfmark contains multiple documents, these are distinguished by the letters A, B, C, &c. If a document has multiple contents, they are distinguished by the numbering 1, 2, 3, &c. The verso side of an item is indicated by the letter v.
3. If it has been necessary to reduce or enlarge the size of an illustration, the dimensions are indicated. If the size of an illustration exceeds the size of the book, a folding sheet is used.
4. If the document is a scroll, a folded sutra, or has a stitched binding, a picture of the whole object is provided to show its external appearance.
5. The cover, front, and back of each document are reproduced in sequence. The back of a document is only reproduced if it contains text, illustrations, or other markings, and it is oriented from right to left. If it is blank it is not reproduced.
6. Except in a few special cases, the lines of text are reproduced unbroken to make them coherent and easier to read.
7. An illustration of the complete document is reproduced at the top of each page, and the section where the main illustration appears is highlighted in order to indicate its position. If it has only been possible to reproduce a long scroll in sections, the direction symbol ❮ has been used to indicate where one illustration ends and the next one begins. If the end of the scroll occupies less than one page, the direction symbol ❮ is used to indicate its position in the illustration of the complete document. If the text on the back of the document has a different orientation from the text on the front, it is reproduced as it is, but is also rotated (indicated with the rotation symbol ◉) so that it can be read easily.
8. The titles of the documents generally conform with those already established by the Library, but in some cases have been amended by drawing on the most recent scholarly research. The titles are derived firstly from the beginning of the text, then from the end of the text, and lastly from the cover. If the title of a document differs from its authoritative form, the authoritative form is used; and if a document has no title, one is either supplied by comparison with similar documents, or a new one is devised. If the document is not in Chinese, its language is indicated before the title. If the number of juan is different from that of the authoritative version, or if there are other irregularities, this is noted.
9. The documents in the book are in traditional Chinese characters. Where the title contains personal or place names, the original characters used for these names are retained.

(Translated by David Helliwell)

第一〇册目録

凡例 一
About this publication 三
BD00123 合部金光明經（异卷）卷八 二
BD00124 妙法蓮華經（八卷本）卷六 三四
BD00125 梵網經盧舍那佛説菩薩心地戒品第十卷下 六八
BD00126 妙法蓮華經卷七 八二
BD00126v 雜寫 一〇四
BD00127 大方廣佛華嚴經（五十卷本）卷四 一〇六
BD00128 妙法蓮華經卷二 一三六
BD00128v 勘記 一七八

BD00129 金光明最勝王經卷八 一八〇
BD00130 藥師琉璃光如來本願功德經 一九〇
BD00131 維摩詰所説經卷中 二〇四
BD00132 大般若波羅蜜多經卷五九 二二四
BD00132v 大般若波羅蜜多經卷五九外題 二三〇
BD00133 妙法蓮華經卷七 二三二
BD00134 四分律比丘戒本 二五四
BD00135–1 誦金剛經前儀·啓請八金剛（擬） 二六四
BD00135–2 金剛般若波羅蜜經 二六四
BD00135v 雜寫 二七五
BD00136 妙法蓮華經卷一 二七八

BD00123 合部金光明經（异卷）卷八

（隋）寶貴 合

701.2cm×25.5cm

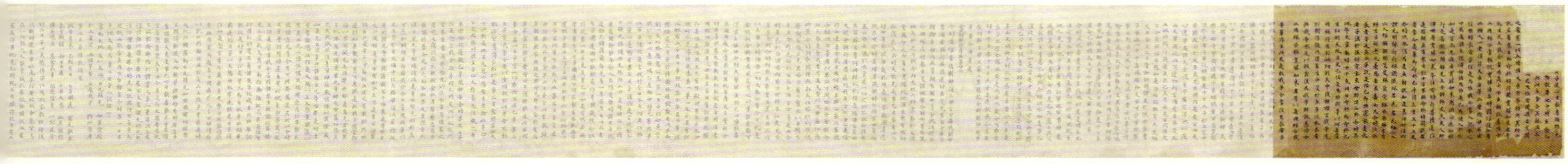

者子還心生歡喜踊躍无
物散著池中與魚食已
與此魚食令其飽滿未
後更思惟曾聞過去空閑
之處有一比丘讀誦大乘方等經典其經中
説若有衆生臨命終時得聞寶勝如來名号
即生天上我今當爲是十千魚解説甚深十
二因緣亦當稱説寶勝佛名時閻浮提中有
二種人一者深信大乘方等二者毀呰不生
信樂時長者子作是思惟我今當入池水之
中爲是諸魚説深妙法思惟是已即便入水作
如是言南无過去寶勝如來應供正遍知明
行足善逝世間解无上士調御丈夫天人師
佛世尊寶勝如來本往昔時行菩薩道作
是誓願若有衆生於十方界臨命終時聞我名

尒時流水復爲是魚解說如是甚深妙法所
謂无明緣行行緣識識緣名色名色緣六入
六入緣觸觸緣受受緣愛愛緣取取緣有有
緣生生緣老死憂悲苦聚善女天尒時流水
長者子及其二子說是法已即共還家是長
者子復於後時賓客聚會醉酒而臥尒時其
地卒大震動時十千魚同日命終即命終已
生忉利天既生天已作是思惟我等以何善業
因緣得生於此忉利天中復相謂言我等先
於閻浮提內墮畜生中受於魚身流水長者
與我等水及以飲食復爲我等解說甚深十
二因緣并稱寶勝如來名号以是因緣令我
等輩得生此天是故我等今當往至長者子

等輩得生此天是故我等今當往至長者子
所報恩供養尒時十千天子從忉利天下閻
浮提至流水長者子大醫王家時長者子在
樓屋上露卧眠睡是十千天子以十千真珠
天妙瓔珞置其頭邊復以十千置其足邊復
以十千置右脅邊復以十千置左脅邊雨曼
陁羅華摩訶曼陁羅華積至于膝種種天
樂出妙音聲閻浮提中有睡眠者皆悉覺寤
流水長者子亦從睡寤是十千天子於上空中
飛騰遊行於天自在光王國內處處皆雨天
妙蓮華是諸天子復至本處空澤池所復
雨天華便從此没還忉利宮隨意自在受天
五欲時閻浮提過是夜已天自在光王問諸大
臣今夜何緣示現如是淨妙瑞相有大光明
大臣荅王大王當知忉利諸

華王即告臣卿可往至彼長者子所善言誘
喻喚令使來大臣受勑即至其家宣王教令喚
是長者是時長者尋至王所王問長者何緣
示現如是瑞相長者子言我必定知是十千魚
其命已終時大王言今可遣人審實是事
尒時流水尋遣其子至彼池所看是諸魚死
活定實尒時其子聞是語已向於彼池既至
池已見其池中多有摩訶曼陁羅華積聚
成積其中諸魚悉皆命終見已即還白其父
言彼諸魚等悉已命終尒時流水知是事已
復往王所作如是言是十千魚悉皆命終王聞
是已心生歡喜尒時世尊告道場菩提樹神
善女天欲知尒時流水長者子者今我身是
長子水空今羅睺羅是次子水藏今阿難是

善女天欲知尔時流水長者子者今我身是
長子水空今羅睺羅是次子水藏今阿難是
時十千魚者今十千天子是是故我今爲其
授阿耨多羅三藐三菩提記尔時樹神現半
身者今汝身是

金光明經捨身品第廿二

尔時道場菩提樹神復白佛言世尊我聞世
尊過去脩行菩薩道時具受无量百千苦行
捐捨身命肉血骨髓唯願世尊少說往昔苦
行因緣爲利衆生受諸快樂尔時世尊即現
神足神足力故令此大地六種震動於大講
堂衆會之中有七寶塔從地涌出衆寶羅網
弥覆其上尔時大衆見是事已生希有心尔
時世尊即從座起礼拜是塔恭敬圍遶還
就本坐尔時道場菩提樹神白佛言世尊

是世尊出現於世常為一切之所恭敬於諸衆
生最勝最尊何因緣故礼拜是塔佛言善女
天我本脩行菩薩道時我身舍利安止是塔
因由是身令我早成阿耨多羅三藐三菩提
尒時佛告尊者阿難汝可開塔取中舍利示
此大衆是舍利者乃是无量六波羅蜜功德
所薰尒時阿難聞佛教勑即往塔所礼拜供
養開其塔戶見其塔中有七寶函以手開函
見其舍利色妙紅白而白佛言世尊是中舍
利其色紅白佛告阿難汝可持来此是大士
真身舍利尒時阿難即舉寶函還至佛所持
以上佛尒時佛告一切大衆汝等今可礼是
舍利此舍利者是戒定慧之所薰脩甚難可
得最上福田尒時大衆聞是語已心懷歡喜
即從座起合掌恭敬頂礼菩薩大士舍利尒

即從座起合掌恭敬頂礼菩薩大士舍利尒
時世尊欲為大衆斷疑網故說是舍利往昔
因緣阿難過去之世有王名曰摩訶羅陁脩
行善法善治國土无有怨敵時有三子端正
微妙形色殊特威德第一第一太子名摩訶
波那羅次子名曰摩訶提婆小子名曰摩訶
薩埵是三王子於諸園林遊戲觀看次第漸
到一大竹林憩駕止息第一王子作如是言
我於今日心甚怖懅於是林中將无衰損第
二王子復作是言我於今日不自惜身但離
所愛心憂愁耳第三王子復作是言我於今
日獨无怖懅亦无愁惱山中空寂神仙所讚
是處閑靜能令行人安隱受樂時諸王子說
是語已轉復前行見有一虎適產七日而有

[illegible]第一王子見是虎已作如是言此
虎產來七日七子圍遶不得求食若為飢逼必
還噉子第三王子言此虎經常所食何物第一
王子言此虎唯新熱肉血第三王子言君
等誰能與此虎食第二王子言此虎飢餓
身體羸瘦窮困頓之餘命无幾不容餘處為
其求食設餘求者命必不濟誰能為此不惜
身命第一王子言一切難捨不過己身第三
王子言我等今者以貪惜故於此身命不能
放捨智慧薄少故於是事而生驚怖若諸大
士欲利益他生大悲心為衆生者捨此身命
不足為難時諸王子心大愁憂久住視之目
未曾捨作是觀已尋便離去尒時第三王子
作是念言我今捨身時已到矣何以故我從
[illegible]

作是念言我今捨身時已到矣何以故我從
昔来多棄是身都无所爲亦常愛護處之
屋宅又復供給衣服飲食卧具醫藥象馬車
乘隨將養令无所乏而不知恩反生怨害然
復不免无常敗壞復次是身不堅无所利益
可惡如賊猶若行廁我於今日當使此身作
无上業於生死海中作大橋梁復次若捨此
身則捨无量癰疽瘭疾百千怖畏是身唯有
大小便利是身不堅如水上沫是身不淨多
諸虫戶是身不淨筋纏血塗皮骨髓腦共相
連持如是觀察甚可患厭是故我今應當捨
離以求寂滅无上涅槃永離憂患无常變異
生死休息无諸塵累无量禪定智慧功德具
足成就微妙法身百福莊嚴諸佛所讚證成
如是无上法身與諸衆生作大法樂時

二象猶如作是大願以上大悲熏修其心
慮其二兄心懷怖懼或恐因遮為作留難即
便語言兄等今者可與眷属還其所止尒時
王子摩訶薩埵還至虎所脫身衣裳置竹枝
上作是誓言我今為利諸衆生故證於最勝
无上道故大悲不動捨難捨故為求菩提智
所讚故欲度三有諸衆生故滅生死怖衆惱
熱故是時王子作是誓已即自放身卧餓虎
前是時王子以大悲力故虎无能為王子復
作如是念言虎今羸瘦身无勢力不能得我
身血肉食即起求刀周遍求之了不能得即
以乾竹刺頸出血於高山上投身虎前是時
大地六種震動日无精光如羅睺羅阿脩羅
王捉持鄣蔽又雨雜華種種妙香時虚空中
有諸天衆見是事已心生歡喜歎未曾有讚

王捉持鄣蔽又雨雜華種種妙香時虛空中
有諸餘天見是事已心生歡喜歎未曾有讚
言善哉善哉大士汝今真是行大悲者為眾
生故能捨難捨於諸學人第一勇健汝已為
得諸佛所讚常樂住處不久當證无惱无熱
清涼涅槃是乕尒時見血流出汙王子身即
便舐血噉食其肉唯留餘骨尒時第一王子
見地大動為第二王子而說偈言
震動大地 及以大海 日无精光 如有覆蔽
於上虛空 雨諸華香 必是我弟 捨所愛身
第二王子復說偈言
彼乕產來 已經七日 七子圍遶 窮无飲食
氣力羸損 命不云遠 小弟大悲 知其窮悴
懼不堪忍 還食其子 恐定捨身 以救彼命
時二王子心大愁怖啼泣悲歎容貌焦悴復

共相扶持還至本所見弟所著衣服衣裳皆悉
在一竹枝之上骸骨髮爪布散狼藉流血處
處遍汙其地見已悶絕不自勝持投身骨上
良久乃寤即起舉手呼天而哭我弟幼稚才
能過人特為父母之所愛念奄忽捨身以飴
餓虎我今還宮父母設問當云何荅我寧在
此并命一處不忍見是骸骨髮爪何心捨離
還見父母妻子眷屬朋友知識時二王子悲
號懊惱漸捨而去時小王子所將侍從各散
諸方互相謂言今者我天為何所在尒時王
妃於睡夢中夢乳被割牙齒墮落得三鴿
鶵一為鷹食尒時王妃大地動時即便驚寤
心大愁怖而說偈言
今日何故　大地大水　一切皆動　物不安所
日无精光　如有覆蔽　我心憂苦　目瞚瞤動

日无精光　如有覆蔽　我心憂苦　目睫瞤動
如我今者　所見瑞相　必有灾異　不祥苦惱
於是王妃說是偈已時有青衣在外已聞王
子消息心驚惶怖尋即入內啓白王妃作如
是言向者在外聞諸侍從推覓王子不知所
在王妃聞已生大憂苦涕泣滿目至大王所
我於向者傳聞外人失我最小所愛之子大
王聞已而復悶絕悲哽苦惱收淚而言如何
今日失我心中所愛重者尒時世尊欲重宣
此義而說偈言
我於往昔　无量劫中　捨所重身　以求菩提
若為國王　及作王子　常捨難捨　以求菩提
我念宿命　有大國王　其王名曰　摩訶羅陁
是王有子　能大布施　其子名曰　摩訶薩埵

三人俱進　至一竹林　見新產虎　飢窮無食
時勝大士　生大悲心　我今當捨　所重之身
此虎或為　飢餓所逼　儻能還食　自所生子
即上高山　自投虎前　為令虎子　得全性命
是時大地　及諸大山　皆悉震動　驚諸虫獸
虎狼師子　四散馳走　世間皆暗　无有光明
是時二兄　故在竹林　心懷憂惱　愁苦涕泣
漸漸推求　遂至虎所　見虎虎子　血汙其口
又見骸骨　髮毛爪齒　處處迸血　狼藉在地
時二王子　見是事已　心更悶絶　自擗於地
以灰塵土　自塗坌身　忘失正念　生狂癡心
所將侍從　覩見是事　亦生悲慟　失聲號哭
耳以冷水　共相噴灑　然後蘇息　而復得起
是時王子　當捨身時　正值後宮　妃后婇女

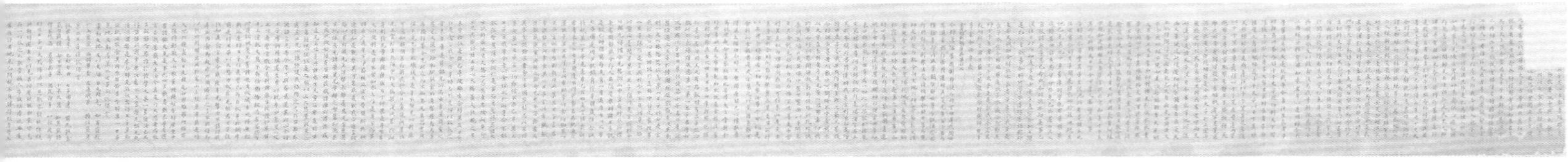

是時王子　當捨身時　正值後宮　妃后婇女
眷屬五百　共相娛樂　王妃是時　兩乳汁出
一切枝節　痛如針刺　心生愁惱　以喪愛子
於是王妃　疾至王所　其聲微細　悲泣而言
大王今當　諦聽諦聽　憂愁盛大　今來燒我
我今二乳　俱時汁出　身體苦切　如被針刺
我見如是　不祥瑞相　恐更不復　見所愛子
今以身命　奉上大王　願速遣人　求覓我子
夢三鴿鶵　在我懷抱　其最小者　可適我心
有鷹飛來　奪我而去　夢是事已　即生憂惱
我今愁怖　恐命不濟　唯願遣人　推求我子
是時王妃　說是語已　即時悶絕　而復躃地
王聞是語　復生憂惱　以不得見　所愛子故
其王大臣　及諸眷屬　悉皆聚集　在王左右

聞是聲已　驚怖而出　各相謂言　今之王子
為活來耶　為已死亡　如是大士　常出軟語
為衆所愛　今難可見　已有諸人　入林推求
不久自當　得定消息　諸人尒時　章惶如是
而復悲號　哀動神祇
尒時大王　即從坐起　以水灑地　良久乃蘇
還得正念　微聲問王　我子今者　為死活耶
尒時王妃　念其子故　倍復懊惱　心无暫捨
可惜我子　形色端正　如何一旦　捨我終亡
云何我身　不先薨沒　而見如是　諸苦惱事
善子妙色　猶如蓮華　誰懷汝身　使令分離
將非是我　昔日怨讎　挾本業緣　而殺汝耶
我子面目　淨如滿月　不圖一旦　遇斯禍對
寧使我身　碎破如塵　不令我子　喪失身命
我所見夢　已為得報　值我无情　能堪是苦

我所見夢　已爲得報　値我无情　能堪是苦
如我所夢　牙齒墮落　二乳一時　汁自流出
必定是我　失所愛子　夢三鴿鶵　鷹奪一去
三子之中　必定失一
尒時大王　即告其妃　我今當遣　大臣使者
周遍東西　推求覓子　汝今且可　莫大憂惱
大王如是　慰喻妃已　即便嚴駕　出其宮殿
心生愁惱　憂苦所切　雖在大衆　顔貌憔悴
即出其城　覓所愛子　尒時亦有　无量諸人
哀號動地　尋從王後
是時大王　既出城已　四向顧望　求覓其子
煩冤心亂　靡知所在　最後逢見　有一信來
頭蒙塵土　血汙其衣　灰糞塗身　悲號而至
尒時大王　摩訶羅陁　見是使已　倍生懊惱
舉手號叫　仰天而哭　[illegible]　[illegible]

不久當至　令王得見　須臾之頃　復有臣來
見王愁苦　顏色憔悴　身所著衣　垢膩塵汙
大王當知　一子已終　二子雖存　哀悴无賴
苐三王子　見虎新產　飢窮七日　恐還食子
見是虎已　深生悲心　發大誓願　當度衆生
於未來世　證成菩提　即上高山　投身餓虎
虎飢所逼　便起噉食　一切血肉　已為都盡
唯有骸骨　狼藉在地　是時大王　聞臣語已
轉復悶絕　失念擗地　憂愁盛火　熾燃其身
諸臣眷屬　亦復如是　以水灑王　良久乃蘇
復起舉手　號天而哭　復有臣來　而白王言
向於林中　見二王子　愁憂苦毒　悲號啼哭
迷悶失志　自投於地　臣即求水　灑其身上

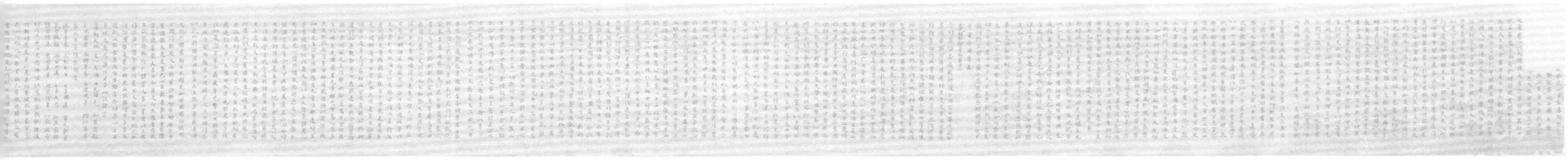

迷悶失志　自投於地　臣即求水　灑其身上
良久之頃　乃還蘇息　望見四方　大火熾然
扶持整起　尋復擗地　舉手悲哀　歸天而哭
乍復讚歎　其弟功德　是時大王　以離愛子
其心迷沒　氣力惙然　憂惱涕泣　并復思惟
是最小子　我所愛重　无常大鬼　奄便吞食
其餘二子　今雖存在　而為憂火　之所焚燒
或能為是　喪失命根　我宜速往　至彼林中
迎載諸子　急還宮殿　其母在後　憂苦逼切
心肝分裂　或能失命　若見二子　慰喻其心
可使終保　餘年壽命　介時大王　駕乘名象
與諸侍從　欲至彼林　即於中路　見其二子
號天扣地　稱弟名字　時王即前　抱持二子
悲號涕泣　隨路還宮　速令二子　覲見其母
佛告樹神　汝今當知　介時王子　摩訶薩埵

捨身飼虎　今我身是　尒時大王　摩訶羅陁
於今父王　輸頭檀是　尒時王妃　今摩耶是
第一王子　今彌勒是　第二王子　今調達是
尒時虎者　今瞿夷是　時虎七子　今五比丘
及舍利弗　目揵連是
尒時大王摩訶羅陁及其妃后悲號涕泣悉皆
脫身御服瓔珞與諸大衆往竹林中收其舍
利即於此處起七寶塔是時王子摩訶薩
埵臨捨命時作是誓願願我舍利於未來世
過筭數劫常爲衆生而作佛事說是經時无
量阿僧祇天及人發阿耨多羅三藐三菩提
心樹神是名礼塔往昔因緣尒時佛神力故
是七寶塔即没不現

金光明經讚佛品第廿三

尒時无量百千万億諸菩薩衆從此世界至金

尒時无量百千万億諸菩薩衆從此世界至金
寶蓋山王如来國土到彼土已五體投地為
佛作礼却一面立向佛合掌異口同音而讚
歎佛

如来之身　金色微妙　其明照曜　如金山王
身淨柔軟　如金蓮華　无量妙相　以自莊嚴
随形之好　光飾其體　淨潔无比　如紫金山
圓足无垢　如淨滿月　其音清徹　妙如梵聲
師子吼聲　大雷震聲　六種清淨　微妙音聲
迦陵頻伽　孔雀之聲　清淨无垢　威德具足
百福相好　莊嚴其身　光明遠照　无有齊限
智慧寂滅　无諸愛習　世尊成就　无量功德
譬如大海　須弥寶山　為諸衆生　生悕愍心
於未来世　能與快樂　如来所說　第一深義
能令衆生　寂滅安隱　能與衆生　无量快樂

能施无上　甘露妙法　能開无上　甘露法門
能入一切　无患窟宅　能令衆生　悉得解脫
度於三有　无量苦海　安住正道　无諸憂苦
如來世尊　功德智慧　大慈悲力　精進方便
如是无量　不可稱計　我等今者　不能說喻
諸天世人　於无量劫　盡思度量　不能得知
如來所有　功德智慧　无量大海　一渧少分
我今略讚　如來功德　百千億分　不能宣一
若我功德　得聚集者　迴與衆生　證无上道
尒時信相菩薩即於此會從座而起偏袒右
肩右膝著地合掌向佛而說讚言
世尊百福　相好微妙　功德千數　莊嚴其身
色淨遠照　視之无猒　如日千光　彌滿虛空
光明熾盛　无量无邊　猶如无數　珎寶大聚
其明五色　青紅赤白　琉璃頗梨　如融真金

其明五色 青紅赤白 琉璃頗梨 如融真金
光明赫弈 通徹諸山 悉能遠照 无量佛土
能滅衆生 无量苦惱 又與衆生 上妙快樂
諸根清淨 微妙第一 衆生見者 无有猒足
髮紺柔軟 猶孔雀項 如諸蜂王 集在蓮華
清淨大悲 功德莊嚴 无量三昧 及以大悲
如是功德 悉已聚集 相好妙色 嚴飾其身
種種功德 易成菩提
如來悉能 調伏衆生 令心柔軟 受諸快樂
種種深妙 功德莊嚴 亦為十方 諸佛所讚
其光遠照 遍於諸方 猶如日月 充滿虛空
功德成就 如須弥山 在在示現 於諸世界
齒白齊密 猶如珂雪 其德如日 處空明顯
眉間豪相 右旋宛轉 光明流出 如琉璃珠
……妙 如日處空

爾時道場菩提樹神復說讚曰
南无清淨　无上正覺　甚深妙法　隨順覺了
遠離一切　非法非道　獨拔而出　成佛正覺
知有非有　本性清淨
希有希有　如來功德　希有希有　如來大海
希有希有　如須弥山　希有希有　佛无邊行
希有希有　佛出於世　如優曇華　時一現耳
希有希有　无量大悲　釋迦牟尼　為人中日
為欲利益　諸衆生故　宣說如是　妙寶經典
善哉如來　諸根寂滅　而復遊入　善寂大城
无垢清淨　甚深三昧　入於諸佛　所行之處
一切聲聞　身皆空寂　兩足世尊　行處亦空
如是一切　无量諸法　推本性相　亦皆空寂
一切衆生　性相亦空　狂愚心故　不能覺知
我常念佛　樂見世尊　常作誓願　不離佛日

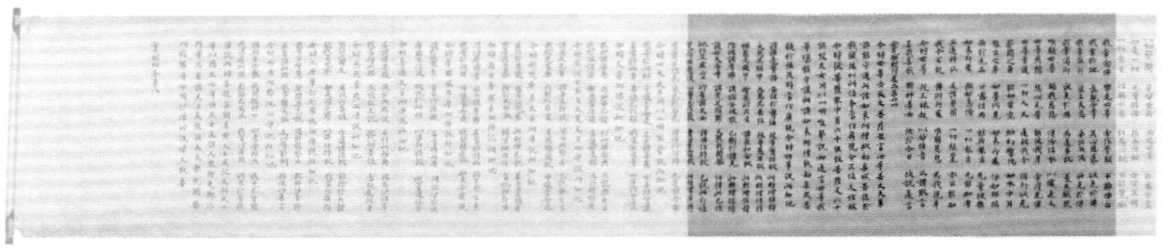

我常念佛　樂見世尊　常作誓願　不離佛白
我常於地　長跪合掌　其心戀慕　欲見於佛
我常脩行　最上大悲　哀泣雨淚　欲見於佛
我常渴仰　欲見於佛　為是事故　憂火熾然
唯願世尊　賜我慈悲　清冷法水　以滅是火
世尊慈愍　悲心无量　願使我身　常得見佛
世尊常護　一切人天　是故我今　渴仰欲見
聲聞之身　猶如虛空　焰幻響化　如水中月
衆生之身　如夢所見　如來行處　淨如瑠璃
雨於无上　甘露法雨　能與衆生　无量快樂
如來行處　微妙甚深　一切衆生　无能知者
五通神仙　及諸聲聞　一切緣覺　亦不能知
我今不疑　佛所行處　唯願慈悲　為我現身
尒時世尊　從三昧起　以妙法音　而讚歎言
善哉善哉　樹神善女　汝於今日　快說是言

金光明經付囑品第廿四

尒時世尊告彼大菩薩衆言汝等善丈夫輩誰能守護此諸如來阿僧祇劫集成菩提於我滅後以此法本當作廣現令正法久住故尒時彼菩薩衆中有六十俱致菩薩及六十俱致天女同以一咽唯聲說如是言世尊我等堪能守護此諸如來阿僧祇劫集成菩提於彼後時當作廣現尒時世尊說此伽他

諸佛是寶語　安住於寶法　彼等寶住故　此經增住持

大悲爲鎧甲　大慈爲安住　彼等慈力故　此經增住持

福聚爲鎧甲　智聚所出生　諸聚和合故　此經增住持

降伏諸摩羅　諸論亦破散　已斷於諸見　此經增住持

護世天帝等　諸梵及脩羅　天龍乾闥婆　住持此已作

地住及虛空　所有諸天女　諸佛住持故　已說此行法

梵行明離故　四寶已莊嚴　盡四摩羅故　此經增住持

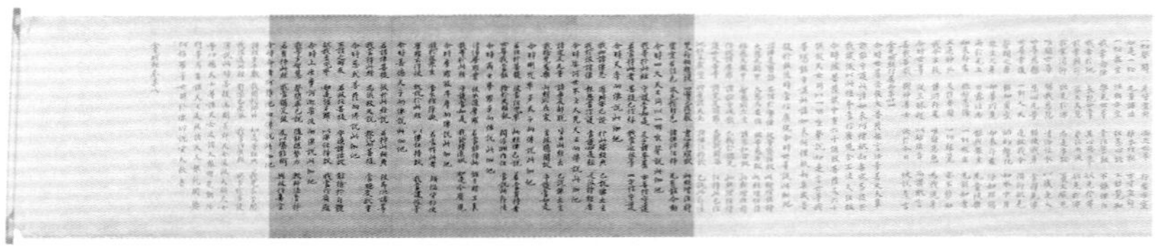

梵行相應故　四寶已莊嚴　盡四摩羅故　此經增住持
虛空若住色　或色作非色　諸佛所住持　无有能令動
尒時四大天王同以一咽喉聲說此伽他
我等於此經　守護當如是　及子諸眷屬　亦善作守護
若當持此者　菩提已作緣　我當近彼等　四方作守護
尒時天帝向佛說此伽他
我知諸佛恩　導師亦已證　於此勝經典　已說佛出生
我於彼諸佛　報恩當作護　當護如是經　及彼持經者
尒時娑訶世界主大梵天王向佛說此伽他
諸定及无量　諸乘及解脫　皆由此經出　已說佛出生
我捨梵處樂　此經所在處　至彼聽聞故　守護當如是
尒時删兜率多天子向佛說此伽他
若住於菩提　彼當住兜率　此經佛已說　若當有持者
世尊我當能　捨於天福報　閻浮洲內住　當說此行法
尒時[illegible]向佛說此伽他

[illegible]摩羅業　彼不臣摩羅　若常有於此　修多羅正義

我等於此經　守護當如是　我發精進欲　如是令廣現

尒時摩羅波卑摩向佛說此伽他

我於彼衆生　當不作障礙　若當持此者　煩惱皆折伏

摩羅不得便　故說於此經　以佛住持故　我當護彼等

尒時善德天子向佛說此伽他

若諸佛菩提　彼於此經說　若持此經典　彼即供諸尊

我當持此經　為俱致天說　教化向菩提　當聽及敬重

尒時慈氏菩薩向佛說此伽他

不請之朋友　若彼住菩提　守護諸法故　能捨於自體

故我至兜率　如是脩多羅　以佛住持故　我當作廣顯

尒時上座摩訶迦葉波向佛說此伽他

我等少智慧　聲聞乘已說　隨能隨勢力　教師法當持

若有持此經　我當攝受彼　及以堪能辯　與彼作善言

尒時命者阿難陀向佛說此伽他

若有持此經　我當攝受彼　及以堪能辯　與彼作善言
尒時命者阿難陁向佛說此伽他
諸經多千數　我聞教師口　如是等經典　我先未曾聞
我值遇此經　對面已受承　我當作廣顯　欲求於菩提
佛說此時菩提高樹善寂天女及彼大辯天女
等功德天女等諸天女及諸天衆釋梵鞞沙
門等為首諸天王及彼諸大天衆乹闥婆
阿脩羅等世間於佛所說皆大歡喜

金光明經卷第八

BD00123　合部金光明經（异卷）卷八

BD00124 妙法蓮華經（八卷本）卷六

（後秦）鳩摩羅什 譯

763.3cm × 26.1cm

歸我等
父見子等苦惱如是依諸經方求好藥草色
香美味皆悉具足擣簁和合與子令服而作
是言此大良藥色香美味皆悉具足汝等可
服速除苦惱无復衆患其諸子中不失心者
見此良藥色香俱好即便服之病盡除愈餘
失心者見其父來雖亦歡喜問訊求索治病
然與其藥而不肯服所以者何毒氣深入失
本心故於此好色香藥而謂不美父作是念
此子可愍為毒所中心皆顛倒雖見我喜求
索救療如是好藥而不肯服我今當設方便
令服此藥即作是言汝等當知我今衰老死
時已至是好良藥今留在此汝可取服勿憂
不差作是教已復至他國遣使還告汝父已
死是時諸子聞父背喪心大憂惱而作是念

若父在者慈愍我等能見救護今者捨我遠
喪他國自惟孤露无復恃怙常懷悲感心遂
醒悟乃知此藥色味香美即取服之毒病皆
愈其父聞子悉已得差尋便來歸咸使見之
諸善男子於意云何頗有人能說此良醫虛
妄罪不不也世尊佛言我亦如是成佛已來
无量无邊百千万億那由他阿僧祇劫為衆
生故以方便力言當滅度亦无有能如法說
我虛妄過者尒時世尊欲重宣此義而說偈
言
自我得佛來　所經諸劫數　无量百千万　億載阿僧祇
常說法教化　无數億衆生　令入於佛道　尒來无量劫
為度衆生故　方便現涅槃　而實不滅度　常住此說法
我常住於此　以諸神通力　令顛倒衆生　雖近而不見
衆見我滅度　廣供養舍利　咸皆懷戀慕　而生渴仰心

衆見我滅度 廣供養舍利 咸皆懷戀慕 而生渴仰心
衆生既信伏 質直意柔耎 一心欲見佛 不自惜身命
時我及衆僧 俱出靈鷲山 我時語衆生 常在此不滅
以方便力故 現有滅不滅 餘國有衆生 恭敬信樂者
我復於彼中 爲說无上法 汝等不聞此 但謂我滅度
我見諸衆生 没在於苦惱 故不爲現身 令其生渴仰
因其心戀慕 乃出爲說法 神通力如是 於阿僧祇劫
常在靈鷲山 及餘諸住處 衆生見劫盡 大火所燒時
我此土安隱 天人常充滿 園林諸堂閣 種種寶莊嚴
寶樹多花菓 衆生所遊樂 諸天擊天鼓 常作衆伎樂
雨曼陁羅華 散佛及大衆 我淨土不毀 而衆見燒盡
憂怖諸苦惱 如是悉充滿 是諸罪衆生 以惡業因緣
過阿僧祇劫 不聞三寶名 諸有脩功德 柔和質直者
則皆見我身 在此而說法 或時爲此衆 說佛壽无量

久乃見佛者　亦說佛難値　我知力如是　慧光照无量
壽命无數劫　久脩業所得　汝等有智者　勿於此生疑
當斷令永盡　佛語實不虛　如醫善方便　為治狂子故
實在而言死　无能虛妄說　我亦為世父　救諸苦患者
為凡夫顛倒　實在而言滅　以常見我故　而生憍恣心
放逸著五欲　墮於惡道中　我常知衆生　行道不行道
隨應所可度　為說種種法　每自作是意　以何令衆生
得入无上道　速成就佛身

妙法蓮華經分別功德品第十七

尒時大會聞佛說壽命劫數長遠如是　无量
无邊阿僧祇衆生得大饒益　於時世尊告弥
勒菩薩摩訶薩　阿逸多　我說是如來壽命長
遠時　六百八十万億那由他恒河沙衆生得
无生法忍　復有千倍菩薩摩訶薩得聞持陀
羅尼門　復有一世界微塵數菩薩摩訶薩得

无生法忍復千倍菩薩摩訶薩得聞持陁
羅尼門復有一世界微塵數菩薩摩訶薩得
樂說无㝵辯才復有一世界微塵數菩薩摩
訶薩得百万億无量旋陁羅尼復有三千大
千世界微塵數菩薩摩訶薩能轉不退法輪
復有二千中國土微塵數菩薩摩訶薩能轉
清淨法輪復有小千國土微塵數菩薩摩訶
薩八生當得阿耨多羅三藐三菩提復有四
四天下微塵數菩薩摩訶薩四生當得阿耨
多羅三藐三菩提復有三四天下微塵數菩
薩摩訶薩三生當得阿耨多羅三藐三菩提
復有二四天下微塵數菩薩摩訶薩二生當
得阿耨多羅三藐三菩提復有一四天下微
塵數菩薩摩訶薩一生當得阿耨多羅三藐
三菩提復有八世界微塵數衆生皆發阿耨

得大法利時於虛空中雨曼陁羅華摩訶曼
陁羅華以散无量百千万億寶樹下師子座
上諸佛并散七寶塔中師子座上釋迦牟尼
佛及久滅度多寶如来亦散一切諸大菩薩
及四部衆又雨細末栴檀沈水香等於虛空
中天鼓自鳴妙聲深遠又雨千種天衣垂諸
瓔珞真珠瓔珞摩尼珠瓔珞如意珠瓔珞遍
於九方衆寶香爐燒无價香自然周至供養
大會一一佛上有諸菩薩執持幡蓋次第而
上至于梵天是諸菩薩以妙音聲歌无量頌
讚嘆諸佛尒時弥勒菩薩從座而起偏袒右
肩合掌向佛而說偈言
佛說希有法　昔所未曾聞　世尊有大力　壽命不可量
无數諸佛子　聞世尊分別　說得法利者　歡喜充遍身

佛說希有法　昔所未曾聞　世尊有大力　壽命不可量
无數諸佛子　聞世尊分別　說得法利者　歡喜充遍身
或住不退地　或得陀羅尼　或无导樂說　万億旋總持
或有大千界　微塵數菩薩　各各皆能轉　不退之法輪
復有中千界　微塵數菩薩　各各皆能轉　清淨之法輪
復有小千界　微塵數菩薩　餘各八生在　當得成佛道
復有四三二　如是四天下　微塵數菩薩　隨數生成佛
或一四天下　微塵數菩薩　餘有一生在　當成一切智
如是等衆生　聞佛壽長遠　得无量无漏　清淨之果報
復有八世界　微塵數衆生　聞佛說壽命　皆發无上心
世尊說无量　不可思議法　多有所饒益　如虛空无邊
雨天曼陀羅　摩訶曼陀羅　釋梵如恒沙　无數佛土來
雨旃檀沈香　繽紛而乱墜　如鳥飛空下　供散於諸佛
天鼓虛空中　自然出妙聲　天衣千方種　旋轉而來下
衆寶妙香爐　燒无價之香　自然悉周遍　供養諸世尊

其大菩薩衆 執七寶幡蓋 高妙萬億種 次第至梵天
一一諸佛前 寶幢懸勝幡 亦以千万偈 歌詠諸如来
如是種種事 昔所未曾有 聞佛壽无量 一切皆歡喜
佛名聞十方 廣饒益衆生 一切具善根 以助无上心
尒時佛告弥勒菩薩摩訶薩阿逸多其有衆
生聞佛壽命長遠如是乃至能生一念信解
所得功德无有限量若有善男子善女人為
阿耨多羅三藐三菩提故於八十万億那由
他劫行五波羅蜜檀波羅蜜尸波羅蜜羼提
波羅蜜毗梨耶波羅蜜禪波羅蜜除般若波
羅蜜以是功德比前功德百分千分百千万
億分不及其一乃至筭數譬喻所不能知若
善男子有如是功德於阿耨多羅三藐三菩
提退者无有是處尒時世尊欲重宣此義而
說偈言

說偈言

若人求佛慧　於八十万億　那由他劫數　行五波羅蜜
於是諸劫中　布施供養佛　及緣覺弟子　并諸菩薩衆
珎異之飲食　上服與卧具　栴檀立精舍　以園林莊嚴
如是等布施　種種皆微妙　盡此諸劫數　以迴向佛道
若復持禁戒　清淨无缺漏　求於无上道　諸佛之所嘆
若復行忍辱　住於調柔地　設衆惡來加　其心不傾動
諸有得法者　懷於增上慢　為此所輕惱　如是亦能忍
若復勤精進　志念常堅固　於无量億劫　一心不懈息
又於无數劫　住於空閑處　若坐若經行　除睡常攝心
以是因緣故　能生諸禪定　八十億万劫　安住心不亂
持此一心福　願求无上道　我得一切智　盡諸禪定際
是人於百千　万億劫數中　行此諸功德　如上之所說
有善男子等　聞我說壽命　乃至一念信　其福過於彼

若人悉无有　一切諸疑悔　深心須臾信　其福爲如此
其有諸菩薩　无量劫行道　聞我說壽命　是則能信受
如是諸人等　頂受此經典　願我於未來　長壽度衆生
如今日世尊　諸釋中之王　道場師子吼　說法无所畏
我等未來世　一切所尊敬　坐於道場時　說壽亦如是
若有深心者　清淨而質直　多聞能揔持　隨義解佛語
如是之人等　於此无有疑
又阿逸多若有聞佛壽命長遠解其言趣是
人所得功德无有限量能起如來无上之慧
何況廣聞是經若教人聞若自持若教人持
若自書若教人書若以華香瓔珞幢幡繒蓋
香油蘇燈供養經卷是人功德无量无邊能
生一切種智阿逸多若善男子善女人聞我
說壽命長遠深心信解則爲見佛常在耆闍
崛山共大菩薩諸聲聞衆圍繞說法

說壽命長遠深心信解則爲見佛常在耆闍
崛山共大菩薩諸聲聞衆圍遶說法又見此
娑婆世界其地琉璃坦然平正閻浮檀金以
界八道寶樹行列諸臺樓觀皆悉寶成其菩
薩衆咸處其中若有能如是觀者當知是爲
深信解相又復如來滅後若聞是經而不毀
呰起隨喜心當知已爲深信解相何況讀誦
受持之者斯人則爲頂戴如來阿逸多是善
男子善女人不須爲我復起塔寺及作僧坊
以四事供養衆僧所以者何是善男子善女
人受持讀誦是經典者爲已起塔造立僧坊
供養衆僧則爲以佛舍利起七寶塔高廣漸
小至于梵天懸諸幡蓋及衆寶鈴華香瓔珞
末香塗香燒香衆鼓伎樂簫笛箜篌種種儛
戲以妙音聲歌唄讚誦則爲已於無量千萬

典有能受持若自書若教人書則爲起立僧
坊以赤旃檀作諸殿堂三十有二高八多羅
樹高廣嚴好百千比丘於其中止園林流池
經行禪窟衣服飲食牀褥湯藥一切樂具充
滿其中如是僧坊堂閣若干百千万億其數
无量以此現前供養於我及比丘僧是故我
說如來滅後若有受持讀誦爲他人說若自
書若教人書供養經巻不須復起塔寺及造
僧坊供養衆僧況復有人能持是經兼行布
施持戒忍辱精進一心智慧其德最勝无量
无邊辟如虛空東西南北四維上下无量无
邊是人功德亦復如是无量无邊疾至一切
種智若人讀誦受持是經爲他人說若自書
若教人書復能起塔及造僧坊供養讚嘆聲

種智若人讀誦受持是經為他人說若自書
若教人書復能起塔及造僧坊供養讚嘆聲
聞衆僧亦以百千万億讚嘆之法讚嘆菩薩
功德又為他人種種因緣隨義解說此法華
經復能清淨持戒與柔和者而共同止忍辱
无嗔志念堅固常貴坐禪得諸深定精進勇
猛攝諸善法利根智慧善荅問難阿逸多若
我滅後諸善男子善女人受持讀誦是經典
者復有如是諸善功德當知是人已趣道場
近阿耨多羅三藐三菩提坐道樹下阿逸多
是善男子若坐若立若行處是中便應起
塔一切天人皆應供養如佛之塔尒時世尊
欲重宣此義而說偈言
若我滅度後　能奉持此經　斯人福无量　如上之所說
是則為具足　一切諸供養　以舍利起塔　七寶而莊嚴

表剎甚高廣　漸小至梵天　寶鈴千萬億　風動出妙音

又於无量劫　而供養此塔　華香諸瓔珞　天衣衆伎樂

然香油蘇燈　周匝常照明　悪世法末時　能持是經者

則為已如上　具足諸供養　若能持此經　則如佛現在

以牛頭栴檀　起僧方供養　堂有三十二　高八多羅樹

上饌妙衣服　牀卧皆具足　百千衆住處　園林諸流池

經行及禪窟　種種皆嚴好　若有信解心　受持讀誦書

若復教人書　及供養經卷　散華香末香　以須曼瞻蔔

阿提目多伽　薰油常然之　如是供養者　得无量功德

如虛空无邊　其福亦如是　況復持此經　兼布施持戒

忍辱樂禪定　不嗔不悪口　恭敬於塔廟　謙下諸比丘

遠離自高心　常思惟智慧　有問難不嗔　隨順為解說

若能行是行　功德不可量　若見此法師　成就如是德

應以天華散　天衣覆其身　頭面接足礼　生心如佛想

又應作是念　不久詣道樹　得无漏无為　廣利諸天人

BD00124　妙法蓮華經（八卷本）卷六

若能行是行　功德不可量　若見此法師　成就如是德
應以天華散　天衣覆其身　頭面接足礼　生心如佛想
又應作是念　不久詣道樹　得无漏无為　廣利諸天人
其所住止處　經行若坐卧　乃至說一偈　是中應起塔
莊嚴令妙好　種種以供養　佛子住此地　則是佛受用
常在於其中　經行及坐卧

妙法蓮華經隨喜功德品第十八

尒時弥勒菩薩摩訶薩白佛言世尊若有善
男子善女人聞是法華經隨喜者得幾所福
而說偈言
世尊滅度後　其有聞是經　若能隨喜者　為得幾所福
尒時佛告弥勒菩薩摩訶薩阿逸多如來滅
後若比丘比丘尼優婆塞優婆夷及餘智者
若長若幼聞是經隨喜已從法會出至於餘
處若在僧坊若空閑地若城邑巷陌聚落

[illegible]
說是諸人等聞已隨喜復行轉教餘人聞已
亦隨喜轉教如是展轉至第五十阿逸多其第
五十善男子善女人隨喜功德我今說之汝
當善聽若四百万億阿僧祇世界六趣四生
衆生卵生胎生濕生化生若有形无形有想
无想非有想非无想无足二足四足多足如
是等在衆生數者有人求福隨其所欲娛樂
之具皆給與之一一衆生與滿閻浮提金銀
琉璃車渠馬瑙珊瑚虎珀諸妙珎寶及象馬
車乘七寶所成宮殿樓閣等是大施主如是
布施滿八十年已而作是念我已施衆生娛
樂之具隨意所欲然此衆生皆已衰老年過
八十髮白面皺將死不久我當以佛法而訓
導之即集此衆生宣布法化示教利喜一時

樂之具隨意所欲然此眾生皆已衰老年過
八十鬚白面皺將死不久我當以佛法而訓
導之即集此眾生宣布法化示教利喜一時
皆得須陁洹道斯陁含道阿那含道阿羅漢
道盡諸有漏於深禪定皆得自在具八解脫
於汝意云何是大施主所得功德寧為多不
弥勒菩薩白佛言世尊是人功德甚多无量
无邊若是施主但施眾生一切樂具功德无量
何況令得阿羅漢果佛告弥勒我今分明語
汝是人以一切樂具施於四百万億阿僧祇
世界六趣眾生又令得阿羅漢果所得功德
不如是第五十人聞法華經一偈隨喜功德
百分千分百千万億分不及其一乃至筭數
譬喻所不能知阿逸多如是第五十人展轉
聞法華經隨喜功德尚无量无邊阿僧祇何

況最初於會中聞而隨喜者其福復勝无量
无邊阿僧祇不可得比又阿逸多若人爲是
經故往詣僧坊若坐若立須臾聽受緣是功
德轉身所生得好上妙象馬車乘珎寶輦輿
及乘天宮若復有人於講法處坐更有人來
勸令坐聽若分座令坐是人功德轉身得帝
釋坐處若梵王坐處若轉輪聖王所坐之處
阿逸多若復有人語餘人言有經名法華可
共往聽即受其教乃至須臾間聞是人功德
轉身得與陁羅尼菩薩共生一處利根智慧
百千万世終不瘖瘂口氣不臭舌常无病口
亦无病齒不垢黑不黃不踈亦不缺落不差
不曲脣不下垂亦不褰縮不麤澀不瘡緊亦
不缺壞亦不喎斜不厚不大亦不黧黑无諸
可惡鼻不匾㔸亦不曲戾面色不黑亦不狹

不缺壞亦不喎斜不厚不大亦不黧黑无諸
可惡鼻不匾㔸亦不曲戾面色不黑亦不狹
長亦不窊曲无有一切不可喜相脣舌牙齒
悉皆嚴好鼻脩高直面貌圓滿眉高而長額
廣平正人相具足世世所生見佛聞法信受
教誨阿逸多汝且觀是勸於一人令往聽法
功德如此何況一心聽說讀誦而於大衆為
人分別如說脩行尒時世尊欲重宣此義而
說偈言
若人於法會　得聞是經典　乃至於一偈　隨喜為他說
如是展轉教　至于第五十　最後人獲福　今當分別之
如有大施主　供給无量衆　具滿八十歲　隨意之所欲
見彼衰老相　髮白而面皺　齒踈形枯竭　念其死不久
我今應當教　令得於道果　即為方便說　涅槃真實法

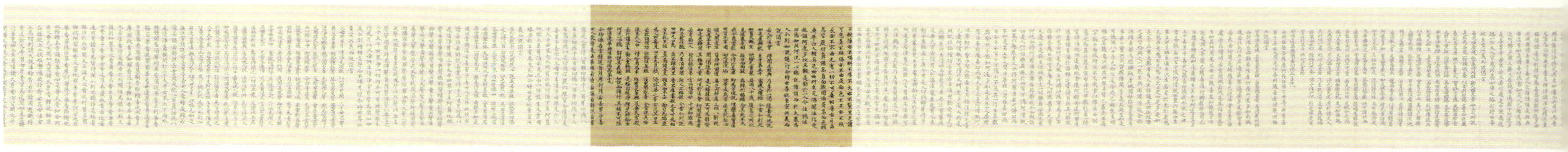

諸人聞是法　皆得阿羅漢　具足六神通　三明八解脫
最後第五十　聞一偈隨喜　是人福勝彼　不可為譬喻
如是展轉聞　其福尚无量　何況於法會　初聞隨喜者
若有勸一人　將引聽法華　言此經深妙　千万劫難遇
即受教往聽　乃至須臾聞　斯人之福報　今當分別說
世世无口患　齒不踈黃黑　脣不厚褰缺　无有可惡相
舌不乾黑短　鼻高脩且直　額廣而平正　面目悉端嚴
為人所喜見　口氣无臭穢　優鉢華之香　常從其口出
若故詣僧坊　欲聽法華經　須臾聞歡喜　今當說其福
後生天人中　得妙象馬車　珎寶之輦輿　及乘天宮殿
若於講法處　勸人坐聽經　是福因緣得　釋梵轉輪坐
何況一心聽　解說其義趣　如說而脩行　其福不可限

妙法蓮華經法師功德品第十九

尒時佛告常精進菩薩摩訶薩　若善男子善
女人受持是法華經　若讀若誦若解說若書

尒時佛告常精進菩薩摩訶薩若善男子善女人受持是法華經若讀若誦若解說若書寫是人當得八百眼功德千二百耳功德八百鼻功德千二百舌功德八百身功德千二百意功德以是功德莊嚴六根皆令清淨是善男子善女人父母所生清淨肉眼見於三千大千世界內外所有山林河海下至阿鼻地獄上至有頂亦見其中一切眾生及業因緣果報生處悉見悉知尒時世尊欲重宣此義而說偈言

若於大眾中　以无所畏心　說是法華經　汝聽其功德
是人得八百　功德殊勝眼　以是莊嚴故　其目甚清淨
父母所生眼　悉見三千界　內外弥樓山　須弥及鐵圍
并諸餘山林　大海江河水　下至阿鼻獄　上至有頂處
其中諸眾生　一切皆悉見　雖未得天眼　肉眼力如是

復次常精進若善男子善女人受持此經

讀若誦若解說若書寫得千二百耳功德以

是清淨耳聞三千大千世界下至阿鼻地獄

聲牛聲車聲啼哭聲愁歎聲螺聲鼓聲鍾聲

鈴聲咲聲語聲男聲女聲童子聲童女聲法

聲非法聲苦聲樂聲凡夫聲聖人聲喜聲不

喜聲天聲龍聲夜叉聲乾闥婆聲阿脩羅聲

迦樓羅聲緊那羅聲摩睺羅伽聲火聲水聲

風聲地獄聲畜生聲餓鬼聲比丘聲比丘尼

聲聲聞聲辟支佛聲菩薩聲佛聲以要言之

三千大千世界中一切內外所有諸聲雖未

得天耳以父母所生清淨常耳皆悉聞知如

是分別種種音聲而不壞耳根尒時世尊欲

重宣此義而說偈言

父母所生耳　清淨無濁穢　以此常耳聞　三千世界聲

重宣此義而說偈言
父母所生耳　清淨无濁穢　以此常耳聞　三千世界聲
象馬車牛聲　鍾鈴螺鼓聲　琴瑟箜篌聲　簫笛之音聲
清淨好歌聲　聽之而不著　无數種人聲　聞悉能解了
又聞諸天聲　微妙之歌音　及聞男女聲　童子童女聲
山川險谷中　迦陵頻伽聲　命命等諸鳥　悉聞其音聲
地獄衆苦痛　種種楚毒聲　餓鬼飢渴逼　求索飲食聲
諸阿脩羅等　居在大海邊　自共言語時　出于大音聲
如是說法者　安住於此間　遥聞是衆聲　而不壞耳根
十方世界中　禽獸鳴相呼　其說法之人　於此悉聞之
其諸梵天上　光音及遍淨　乃至有頂天　言語之音聲
法師住於此　悉皆得聞之　一切比丘衆　及諸比丘尼
若讀誦經典　若為他人說　法師住於此　悉皆得聞之
復有諸菩薩　讀誦於經法　若為他人說　撰集解其義
如是諸音聲　悉皆得聞之　諸佛大聖尊　教化衆生者

於諸大會中　演說微妙法　持此法華者　悉皆得聞之

三千大千界　內外諸音聲　下至阿鼻獄　上至有頂天

皆聞其音聲　而不壞耳根　其耳聰利故　悉能分別知

持是法華者　雖未得天耳　但用所生耳　功德已如是

復次常精進若善男子善女人受持是經若讀若誦若解說若書寫成就八百鼻功德以是清淨鼻根聞於三千大千世界上下內外種種諸香須曼那華香闍提華香末利華香瞻蔔華香波羅羅華香赤蓮華香青蓮華香白蓮華香華樹香菓樹香栴檀香沉水香多摩羅跋香多伽羅香及千万種和香若末若丸若塗香持是經者於此間住悉能分別又復別知衆生之香象香馬香牛羊等香男香女香童子香童女香及草木叢林香若近若遠所有諸香悉皆得聞分別不錯持是經者

女香童子香童女香及草木叢林香若近若
遠所有諸香悉皆得聞分別不錯持是經者
雖住於此亦聞天上諸天之香波利質多羅
拘鞞陀羅樹香及曼陀羅華香摩訶曼陀羅
華香曼殊沙華香摩訶曼殊沙華香栴檀沈
水種種末香諸雜華香如是等天香和合所
出之香无不聞知又聞諸天身香釋提桓因
在勝殿上五欲娛樂嬉戲時香若在妙法堂
上為忉利諸天說法時香若於諸園遊戲時
香及餘天等男女身香皆悉遙聞如是展轉
乃至梵世上至有頂諸天身香亦皆聞之并
聞諸天所燒之香及聲聞香辟支佛香菩薩
香諸佛身香亦皆遙聞知其所在雖聞此香
然於鼻根不壞不錯若欲分別為他人說憶
念不謬爾時世尊欲重宣此義而說偈言

須曼那闍提　多摩羅栴檀　沉水及桂香　種種華菓香
及知衆生香　男子女人香　說法者遠住　聞香知所在
大勢轉輪王　小轉輪及子　群臣諸宮人　聞香知所在
身所著珎寶　及地中寶藏　轉輪王寶女　聞香知所在
諸人嚴身具　衣服及瓔珞　種種所塗香　聞香知其身
諸天若行坐　遊戲及神變　持是法華經　聞香悉能知
諸樹華菓實　及蘇油香氣　持經者住此　悉知其所在
諸山深險處　栴檀樹華敷　衆生在中者　聞香皆能知
鐵圍山大海　地中諸衆生　持經者聞香　悉知其所在
阿脩羅男女　及其諸眷屬　鬪諍遊戲時　聞香皆能知
曠野險隘處　師子象虎狼　野牛水牛等　聞香知所在
若有懷妊者　未辯其男女　无根及非人　聞香悉能知
以聞香力故　知其初懷妊　成就不成就　安樂產福子
以聞香力故　知男女所念　染欲癡恚心　亦知脩善者

以聞香力故　知其初懷妊　成就不成就　安樂產福子
以聞香力故　知男女所念　染欲癡恚心　亦知脩善者
地中衆伏藏　金銀諸珎寶　銅器之所盛　聞香悉能知
種種諸瓔珞　无能識其價　聞香知貴賤　出處及所在
天上諸華等　曼陁曼殊沙　波利質多樹　聞香悉能知
天上諸宮殿　上中下差別　衆寶華莊嚴　聞香悉能知
天園林勝殿　諸觀妙法堂　在中而娛樂　聞香悉能知
諸天若聽法　或受五欲時　來往行坐卧　聞香悉能知
天女所著衣　好華香莊嚴　周旋遊戲時　聞香悉能知
如是展轉上　乃至於梵世　入禪出禪者　聞香悉能知
光音遍淨天　乃至於有頂　初生及退沒　聞香悉能知
諸比丘衆等　於法常精進　若坐若經行　及讀誦經法
或在林樹下　專精而坐禪　持經者聞香　悉知其所在
菩薩志堅固　坐禪若讀誦　或為人說法　聞香悉能知
在在方世尊　一切所恭敬　愍衆而說法　聞香悉能知

雖未得菩薩无漏法生鼻　而是持經者　先得此鼻相
復次常精進若善男子善女人受持是經若
讀若誦若解說若書寫得千二百舌功德若
好若醜若美不美及諸苦惱物在其舌根皆
變成上味如天甘露无不美者若以舌根於
大衆中有所演說出深妙聲能入其心皆令
歡喜快樂又諸天子天女釋梵諸天聞是深
妙音聲有所演說言論次第皆悉來聽及諸
龍龍女夜叉夜叉女乾闥婆乾闥婆女阿脩
羅阿脩羅女迦樓羅迦樓羅女緊那羅緊那
羅女摩睺羅伽摩睺羅伽女為聽法故皆來
親近恭敬供養及比丘比丘尼優婆塞優婆
夷國王王子群臣眷屬小轉輪王大轉輪王

夷國王王子群臣眷屬小轉輪王大轉輪王
七寶千子内外眷屬乘其宮殿俱来聽法以
是菩薩善說法故婆羅門居士國内人民盡
其形壽隨時供養又諸聲聞辟支佛菩薩諸
佛常樂見之是人所在方面諸佛皆向其處
說法悉能受持一切佛法又能出於深妙法
音尒時世尊欲重宣此義而說偈言
是人舌根淨 終不受惡味 其有所食噉 悉皆成甘露
以深淨妙聲 於大衆說法 以諸因緣喻 引導衆生心
聞者皆歡喜 設諸上供養 諸天龍夜叉 及阿脩羅等
皆以恭敬心 而共来聽法 是說法之人 若欲以妙音
遍滿三千界 隨意即能至 大小轉輪王 及千子眷屬
合掌恭敬心 常来聽受法 諸天龍夜叉 羅剎毗舍闍
亦以歡喜心 常樂来供養 梵天王魔王 自在大自在
如是諸天衆 常来至其所 諸佛及弟子 聞其說法音

常念而守護　或時爲現身

復次常精進若善男子善女人受持是經若
讀若誦若解說若書寫得八百身功德得清
淨身如淨瑠璃衆生喜見其身淨故三千大
千世界衆生生時死時上下好醜生善處惡
處悉於中現及鐵圍大鐵圍弥樓山摩訶弥
樓山等諸山及其中衆生悉於中現下至阿
鼻地獄上至有頂所有及衆生悉於中現若
聲聞辟支佛菩薩諸佛說法皆於身中現其
色像尒時世尊欲重宣此義而說偈言

若持法華者　其身甚清淨　如彼淨瑠璃　衆生皆喜見
又如淨明鏡　悉見諸色像　菩薩於淨身　皆見世所有
唯獨自明了　餘人所不見　三千世界中　一切諸群萌
天人阿脩羅　地獄鬼畜生　如是諸色像　皆於身中現
諸天等宮殿　乃至於有頂　鐵圍及弥樓　摩訶弥樓山

天人阿脩羅　地獄鬼畜生　如是諸色像　皆於身中現
諸天等宮殿　乃至於有頂　鐵圍及弥樓　摩訶弥樓山
諸大海水等　皆於身中現　諸佛及聲聞　佛子菩薩等
若獨若在衆　説法悉皆現　雖未得无漏　法性之妙身
以清淨常體　一切於中現
復次常精進　若善男子善女人如来滅後受
持是經若讀若誦若解説若書冩得千二百
意功德以是清淨意根乃至聞一偈一句通
達无量无邊之義解是義已能演説一句一
偈至於一月四月乃至一歲　諸所説法隨其
義趣皆與實相不相違背若説俗間經書治
世語言資生業等皆順正法三千大千世界
六趣衆生心之所行心所動作心所戲論皆
悉知之雖未得无漏智慧而其意根清淨如

亦是先佛經中所說爾時世尊欲重宣
此義而說偈言
是人意清淨　明利无穢濁　以此妙意根　知上中下法
乃至聞一偈　通達无量義　次第如法說　月四月至歲
是世界內外　一切諸眾生　若天龍及人　夜叉鬼神等
其在六趣中　所念若干種　持法華之報　一時皆悉知
十方无數佛　百福莊嚴相　為眾生說法　悉聞能受持
思惟无量義　說法亦无量　終始不忘錯　以持法華經
悉知諸法相　隨義識次第　達名字語言　如所知演說
此人有所說　皆是先佛法　以演此法故　於眾无所畏
持法華經者　意根淨若斯　雖未得无漏　先有如是相
是人持此經　安住希有地　為一切眾生　歡喜而愛敬
能以千万種　善巧之語言　分別而說法　持法華經故
妙法蓮華經卷第六

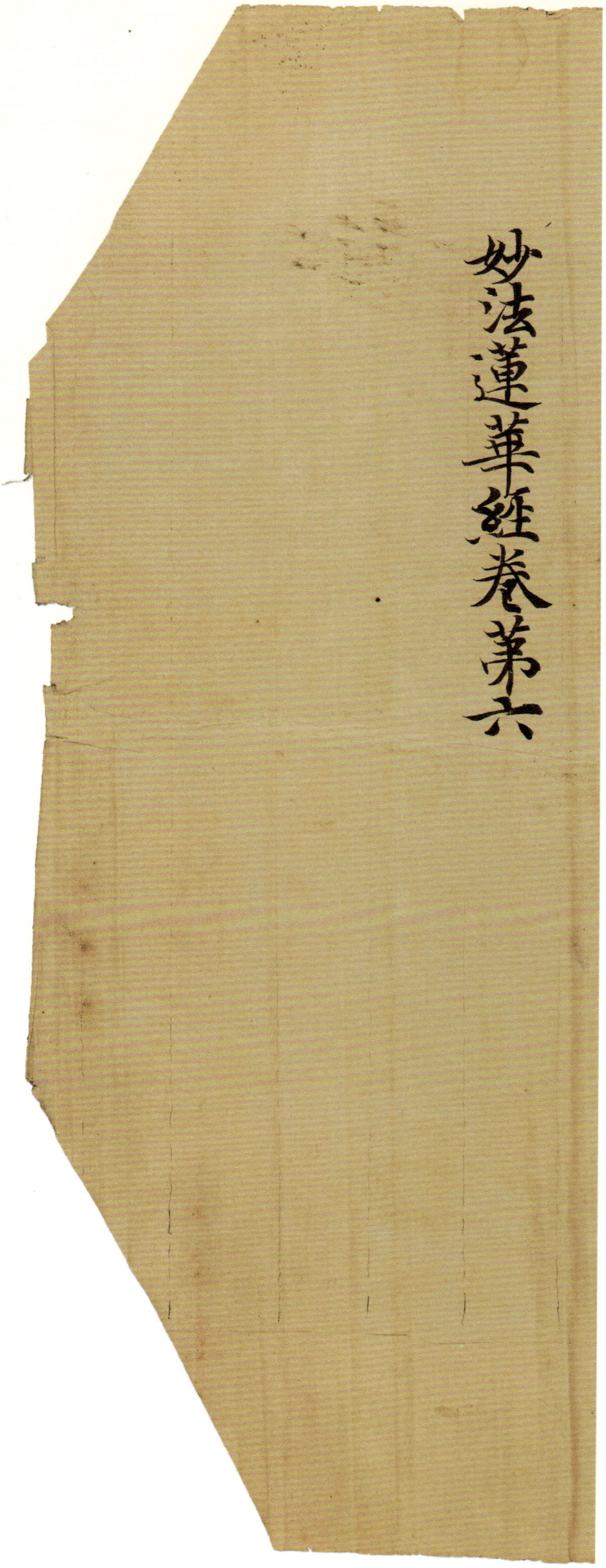
妙法蓮華經卷第六

BD00125

梵網經盧舍那佛說菩薩心地戒品第十卷下

（後秦）鳩摩羅什 譯

271cm × 26.8cm

不以石
復作是願
以破戒之心令
復作是願願一切衆生
薩若不發是願者犯輕
若佛子常應二時頭陁冬夏
安居常用楊枝澡豆三衣瓶鉢座具
錫杖香爐漉水囊手巾刀子火燧鑷
子繩床經律佛像菩薩形像而菩薩
行頭陁時及遊方時行來時百里千里
此十八種物常隨其身頭陁者從正月
十五日至三月十五日八月十五日至十月十
五日是二時中此八種物常隨其

半月布薩誦十重四十八輕戒若誦戒
時於諸佛菩薩形像前一人布薩即一
人誦若二若三乃至百千人亦一人誦誦
者高座聽者下座各各披九條七條
五條袈裟結夏安居一一如法若頭
陁時莫入難處若國難悪王土地高下
草木深邃師子虎狼水火悪風難及以
劫賊道路毒虵一切難處悉不得入若
頭陁行道乃至夏座安居是諸難處皆
不得入若故入者犯輕垢罪
若佛子應如法次弟坐先受戒者在前坐
後受戒者在後坐不問老少比丘比丘尼貴
人國王王子乃至黄門奴婢皆應先受戒

人國王王子乃至黃門奴婢皆應先受戒
者在前坐後受戒者隨次第而坐莫如
外道癡人若老若少无前无後坐无次第
如兵奴之法我佛法中先者先坐後者後
坐而菩薩不如法次第坐者犯輕垢罪
若佛子常應教化一切衆生建立僧坊山
林園田立作佛塔冬夏安居坐禪處所
一切行道處皆應立之而菩薩應為一切
衆生講說大乘經律若疾病人國難賊
難父母兄弟和上阿闍梨亡滅之日及三七
日四五七日乃至七七日應講說大乘經律齋
會求福行来持生大火所燒大水所漂黑
風所吹船舫江河大海羅剎之難乃至一切

講說此經律而新學菩薩若不尒者犯
輕垢罪
如是九戒應當學敬心奉持
佛言佛子與人受戒時不得蕳擇一切國王
王子大臣百官比丘比丘尼信男信女婬男
婬女十八梵六欲天无根二根黄門奴婢一切
鬼神盡得受戒應教身所著袈裟皆
壞色與道相應皆染使青黄赤黑紫
色一切染衣乃至卧具盡以壞色身所
著衣一切染色若一切國土中人所著衣
服比丘皆應與其俗服有異若欲受戒
時師應問言汝現身不作七逆罪邪菩薩
法師不得與七逆人現身受戒七逆者 出

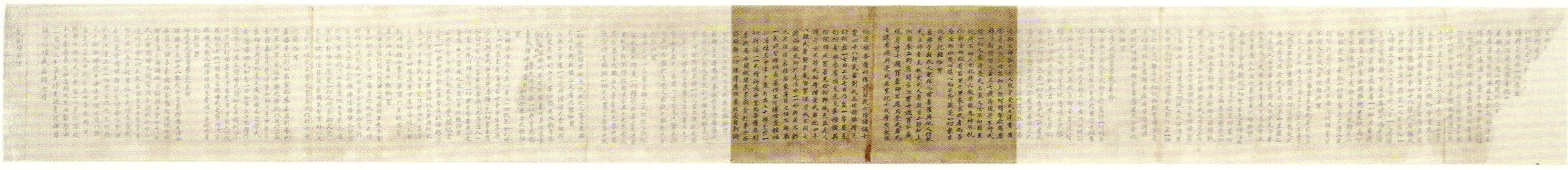

法師不得與七逆人現身受戒七逆者出
佛身血煞父母煞和上煞阿闍梨破羯磨
轉法輪僧煞人若具七遮即現身不得戒
餘一切人盡得受戒出家人法不向國王
礼拜不向父母礼拜六親不敬鬼神不礼
但解法師語有百里千里来求戒者而菩
薩法師以惡心瞋心而不即與受一切衆生
戒者犯輕垢罪
若佛子教化人起信心時菩薩與他人作教
戒法師者見欲受戒人應教請二師和上
阿闍梨二師應問言汝有七遮罪不若
現身有七遮罪者師不應與受戒若无
七遮者得與受戒若有犯十戒者應教懺

悔在佛菩薩形像前日夜六時讀誦十
重四十八輕戒苦到礼三世諸佛得見
好相若一七日二三七日乃至一年要見
好相者佛来摩頂見光見華種種異
相便得滅罪若无好相雖懺无益是人
現身亦不得戒而得增受戒若犯四十
八輕戒者對手懺悔罪便得滅不同七
遮而教戒師於是法中一一好解若不解
大乘經律若輕若重是非之相不解第
一義諦習種性長養性不可壞性道種性
正法性其中多少觀行出入十禪支於一
切行法一一不得此法中意而菩薩為利
養故為名聞故惡求多求貪利弟子而
詐現解一切經律為供養故是自欺誑

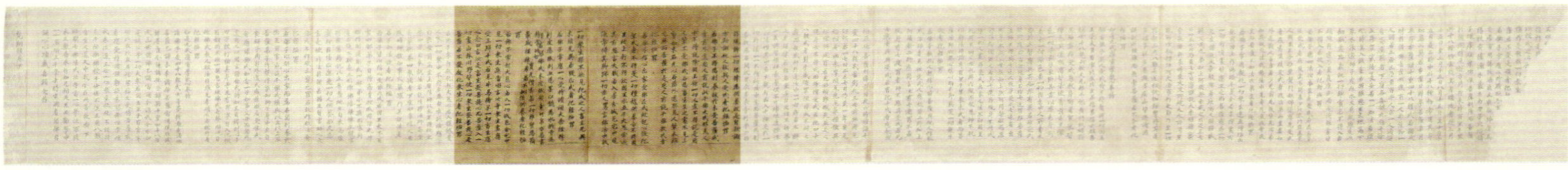

詐現解一切經律為供養故是自欺誑
亦欺誑他人故與人受戒者犯輕垢罪
若佛子不得為利養故於未受菩薩戒
者前外道惡人前說此千佛大戒邪見人
亦不得說除國王餘一切人盡不得說是惡
人輩不受佛戒名為畜生生生之處不見三
寶如木石无心名為外道邪見人輩木頭
无異而菩薩於是惡人前說千佛教戒者
犯輕垢罪
若佛子信心出家受佛正戒故起心毀犯
聖戒者不得受一切檀越供養亦不得國
王地上行不得飲國王水五千大鬼常遮
其前鬼言大賊若入房舍城邑宅中鬼
復常掃其跡亦一切世人罵言佛法中賊

一切衆生眼不欲見犯戒之人畜生无異
木頭无異若毀正戒者犯輕垢罪
若佛子常應一心受持讀誦大乘經律
剥皮爲紙刺血爲墨以髓爲水折骨爲
筆書寫佛戒木皮紙絹素竹帛亦悉書
持常以七寶无價香華一切雜寶爲箱
囊盛經律卷若不如法供養者犯輕垢
罪
若佛子常起大悲心若入一切城邑舍宅中
見一切衆生應當唱言汝等衆生盡應
受三歸十戒若見牛馬猪羊一切畜生應
心念口言汝是畜生發菩提心而菩薩入一
切處山林川野皆使一切衆生發菩提心是
菩薩若不發教化衆生心者犯輕垢罪

BD00125　梵網經盧舍那佛説菩薩心地戒品第十卷下

菩薩若不發教化衆生心者犯輕垢罪
若佛子常行教化起大悲心若入擅越貴
人家一切衆中不得立爲白衣説法應
白衣衆前高坐上座法師比丘不得地立
爲四衆白衣説法若説法時法師高座
香華供養四衆聽者下座如孝順父母
敬順師教如事火婆羅門其説法者
若不如法説者犯輕垢罪
若佛子皆以信心受佛正戒若國王太子百
官四部弟子自恃高貴破滅佛法戒律
明作制法制我四部弟子不聽出家行
道亦復不聽造立形像佛塔經律立統官
制衆案藉記比丘菩薩地立白衣高座
廣行非法正應受一切人供養而反爲

佛戒不作破三寶之罪若故作破法者
犯輕垢罪
若佛子以好心出家而為名聞利養於
國王百官前說千佛戒横與比丘比丘尼
菩薩弟子作繫縛事如師子身中虫自
食師子肉非外道天魔能破若受佛戒
者應護佛戒如念一子如事父母而聞外
道惡人以惡言謗佛戒時如三百鉾刺心千
刀万杖打拍其身等无有異寧自入地獄
百劫而不欲一聞惡言破佛戒之聲而况自
破佛戒教人破法因緣无孝順心若故作者
犯輕垢罪
如是九戒應當學敬心奉持

如是九戒應當學敬心奉持
諸佛子是四十八輕戒汝等受持過去諸佛
菩薩已誦未来諸佛菩薩當誦現在諸
佛菩薩今誦諸佛子諦聽十重四十八輕
戒三世諸佛已誦當誦今誦我今亦如
是誦汝等一切大衆若國王王子百官宰
相比丘比丘尼信男信女受持菩薩戒
者應受持讀誦解說書寫佛性常住
戒卷流通三世一切衆生化化不絶得
見千佛佛佛授手世世不墮三悪八難
常生人道天中我今在此菩提樹下
略開七佛法戒汝等當一心學波羅提
木叉歡喜奉行如无相天王品勸學中
一一廣明三千學士時坐聽者聞佛自

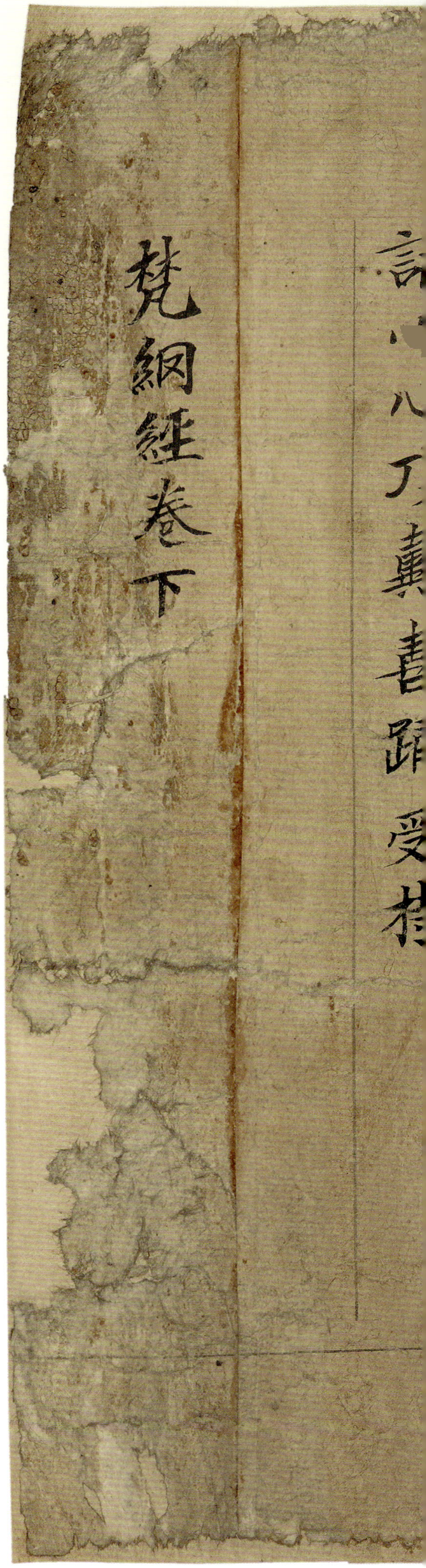
梵網經卷下

BD00125　梵網經盧舍那佛説菩薩心地戒品第十卷下

BD00126 妙法蓮華經卷七

（後秦）鳩摩羅什 譯

BD00126v 雜寫

514.3cm × 25.5cm

悉多尒時尊
共說法者陁羅尼呪以
二摩摩祢四亘餘五遮
多因雉反多肆八䆿輸千反
十一婆履十二阿肆婆履十三
柰履十四婆履十五叉裔十六阿叉裔十七阿耆膩十八
䆿帝十九賒履二十陁羅尼二十一阿盧伽婆婆蘊柰反
藪蔗毗叉膩二十二祢毗剃二十三阿便哆都餓反邏祢
履剃二十四阿亶哆波餘輸地途賣反二十五漚究餘二十
六年究餘二十七阿羅餘二十八波羅餘二十九首迦
差初几反三十阿三磨三履三十一佛馱毗吉利袠
帝三十三達磨波利差猜離反帝三十僧伽呈

瞿沙祢 四 婆舍婆舍輸地 五 曼哆邏 六
曼哆邏叉夜多 三十七 郵樓哆 三十八 郵樓哆憍
舍略 三十九 惡叉邏 四十 惡叉冶多冶 四十一 阿婆盧
四十二 阿摩若（荏蔗反）那多夜 四十三
世尊是陀羅尼神呪六十二億恒河沙等
諸佛所說若有侵毀此法師者則為侵毀是
諸佛已時釋迦牟尼佛讚藥王菩薩言善哉
善哉藥王汝愍念擁護此法師故說是陀羅
尼於諸衆生多所饒益爾時勇施菩薩白佛
言世尊我亦為擁護讀誦受持法華經者說
陀羅尼若此法師得是陀羅尼若夜叉若羅
剎若富單那若吉蔗若鳩槃茶若餓鬼等伺
求其短无能得便即於佛前而說呪曰
痤（揩螺反）隸 一 摩訶痤隸 二 郁枳 三 目枳 四 阿

求其短无能得便即於佛前而說呪曰

痤(搢螺反)鵌一　摩訶痤鵌二　郁枳三　目枳四　阿

鵌五　阿羅婆第六　涅鵌第七　涅鵌多婆第八

伊緻(猪履反)抳九　韋緻抳十　旨緻抳十一　涅鵌墀

抳十二　涅犁墀婆底十三

世尊是陁羅尼神呪恒河沙等諸佛所說亦

皆隨喜若有侵毀此法師者則為侵毀是諸

佛已尒時毗沙門天王護世者白佛言世尊

我亦為愍念衆生擁護此法師故說是陁羅

尼即說呪曰

阿梨一　那梨二　㝹那梨三　阿那盧四　那履五

拘那履六

世尊以是神呪擁護法師我亦自當擁護持

是經者令百由旬内无諸衰患尒時持國

王在此會中與千万億那由他乾闥婆衆恭
敬圍繞前詣佛所合掌白佛言世尊我亦以
陁羅尼神呪擁護持法華經者即說呪曰
阿伽祢一伽祢二瞿利三乹陁利四旃陁利
五摩蹬耆六常求利七浮樓莎抳八頞底九
世尊是陁羅尼神呪四十二億諸佛所說若
有侵毀此法師者則為侵毀是諸佛已尒時
有羅剎女等一名藍婆二名毗藍婆三名曲
齒四名華齒五名黑齒六名多髮七名无猒
足八名持瓔珞九名睪帝十名奪一切衆生
精氣是十羅剎女與鬼子母并其子及眷屬
俱詣佛所同聲白佛言世尊我等亦欲擁護
讀誦受持法華經者除其衰患若有伺求法
師短者令不得便即於佛前而說呪曰

BD00126　妙法蓮華經卷七

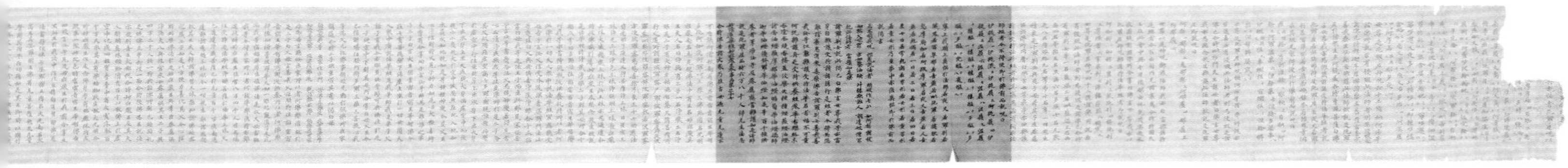

讀誦受持法華經者除其衰患若有伺求法
師短者令不得便即於佛前而說呪曰
伊提履一伊提泯二伊提履三阿提履四伊
提履五泥履六泥履七泥履八泥履九泥履
十樓醯十一樓醯十二樓醯十三樓醯十四多醯十五多
醯十六多醯十七兜醯十八㝹醯十九
寧上我頭上莫惱於法師若夜叉若羅剎若
餓鬼若富單那若吉蔗若毗陀羅若揵馱若
烏摩勒伽若阿跋摩羅若夜叉吉蔗若人吉
蔗若熱病若一日若二日若三日若四日若
至七日若常熱病若男形若女形若童男形
若童女形乃至夢中亦復莫惱即於佛前而
說偈言
若不順我呪　惱亂說法者　頭破作七分　如阿梨樹枝

犯此法師者　當獲如是殃
諸羅刹女説此偈已白佛言世尊我等亦當
身自擁護受持讀誦脩行是經者令得安隱
離諸衰患消衆毒藥佛告諸羅刹女善哉善
哉汝等但能擁護受持法華名者福不可量
何況擁護具足受持供養經卷華香瓔珞末
香塗香燒香幡蓋伎樂然種種燈蘇燈油燈
諸香油燈蘇摩那華油燈瞻蔔華油燈婆師
迦華油燈優鉢羅華油燈如是等百千種供
養者睪帝汝等及眷屬應當擁護如是法師
説是陁羅尼品時六万八千人得无生法忍
妙法蓮華經妙莊嚴王本事品第二十七
尒時佛告諸大衆乃往古世過无量无邊不

BD00126　妙法蓮華經卷七

妙法蓮華經妙莊嚴王本事品第二十七

尒時佛告諸大衆乃往古世過无量无邊不
可思議阿僧祇劫有佛名雲雷音宿王華智
多陁阿伽度阿羅呵三藐三佛陁國名光明
莊嚴劫名憙見彼佛法中有王名妙莊嚴其
王夫人名曰淨德有二子一名淨藏二名淨
眼是二子有大神力福德智慧久脩菩薩所
行之道所謂檀波羅蜜尸羅波羅蜜羼提波
羅蜜毗梨耶波羅蜜禪波羅蜜般若波羅蜜
方便波羅蜜慈悲喜捨乃至三十七助道法
皆悉明了通達又得菩薩淨三昧日星宿三
昧淨光三昧淨色三昧淨照明三昧長莊嚴
三昧大威德藏三昧於此三昧亦悉通達尒
時彼佛欲引導妙莊嚴王及愍念衆生故說

是法華經時淨藏淨眼二子至其母所合十
指爪掌白言願母往詣雲雷音宿王華智佛
所我等亦當侍從親近供養礼拜所以者何
此佛於一切天人衆中說法華經宜應聽受
母告子言汝父信受外道深著婆羅門法汝
等應往白父與共俱去淨藏淨眼合十爪指
掌白母我等是法王子而生此邪見家母告
子言汝等當憂念汝父為現神變若得見者
心必清淨或聽我等往至佛所於是二子念
其父故踊在虛空高七多羅樹現種種神變
於虛空中行住坐卧身上出水身下出火身
下出水身上出火或現大身滿虛空中而復
現小小復現大於空中滅忽然在地入地如
水履水如地現如是等種種神變令其父王

水履水如地現如是等種種神變令其父王
心淨信解時父見子神力如是心大歡喜得
未曾有合掌向子言汝等師為是誰誰之弟
子二子白言大王彼雲雷音宿王華智佛今
在七寶菩提樹下法座上坐於一切世間天
人衆中廣說法華經是我等師我是弟子父
語子言我今亦欲見汝等師可共俱往於是
二子從空中下到其母所合掌白母父王今
已信解堪任發阿耨多羅三藐三菩提心我
等為父已作佛事願母見聽於彼佛所出家
脩道尒時二子欲重宣其意以偈白母
願母放我等　出家作沙門　諸佛甚難值　我等隨佛學
如優曇波羅　值佛復難是　脫諸難亦難　願聽我出家

母即告言聽汝出家所以者何佛難值故於
是二子白父母言善哉父母願時往詣雲雷
音宿王華智佛所親近供養所以者何佛難
得值如優曇波羅華又如一眼之龜值浮木孔
而我等宿福深厚生值佛法是故父母當聽
我等令得出家所以者何諸佛難值時亦難
遇彼時妙莊嚴王後宮八万四千人皆悉堪
任受持是法華經淨眼菩薩於法華三昧久
已通達淨藏菩薩已於无量百千万億劫通
達離諸惡趣三昧欲令一切衆生離諸惡趣
故其王夫人得諸佛習三昧能知諸佛秘密
之藏二子如是以方便力善化其父令心信
解好樂佛法於是妙莊嚴王與羣臣眷屬俱
淨德夫人與後宮采女眷屬俱其王二子與

BD00126　妙法蓮華經卷七

解好樂佛法於是妙莊嚴王與羣臣眷屬俱
淨德夫人與後宮釆女眷屬俱其王二子與
四万二千人俱一時共詣佛所到已頭面礼
足繞佛三帀却住一面尒時彼佛為王說法
示教利喜王大歡悅尒時妙莊嚴王及其夫
人解頸真珠瓔珞價直百千以散佛上於虛
空中化成四柱寶臺臺中有大寶床敷百
千万天衣其上有佛結跏趺坐放大光明尒
時妙莊嚴王作是念佛身希有端嚴殊特成
就第一微妙之色時雲雷音宿王華智佛告
四衆言汝等見是妙莊嚴王於我前合掌立
不此王於我法中作比丘精勤脩習助佛道
法當得作佛号娑羅樹王國名大光劫名大
高王其娑羅樹王佛有无量菩薩衆及无量

聲聞其國平正功德如是其王即時以國付
弟與夫人二子并諸眷屬於佛法中出家脩
道王出家已於八万四千歲常勤精進脩行
妙法華經過是已後得一切淨功德莊嚴三
昧即昇虛空高七多羅樹而白佛言世尊此
我二子已作佛事以神通變化轉我邪心令
得安住於佛法中得見世尊此二子者是我
善知識為欲發起宿世善根饒益我故來生
我家尒時雲雷音宿王華智佛告妙莊嚴王
言如是如是如汝所言若善男子善女人種
善根故世世得善知識其善知識能作佛事
示教利喜令入阿耨多羅三藐三菩提大王
當知善知識者是大因緣所謂化導令得見
佛發阿耨多羅三藐三菩提心大王汝見此二

當知善知識者是大因緣所謂化導令得見
佛發阿耨多羅三藐三菩提心大王汝見此二
子不此二子已曾供養六十五百千万億
那由他恒河沙諸佛親近恭敬於諸佛所受
持法華經愍念邪見衆生令住正見妙莊
嚴王即從虛空中下而白佛言世尊如來甚
希有以功德智慧故頂上肉髻光明顯照其
眼長廣而紺青色眉間毫相白如珂月齒白
齊密常有光明脣色赤好如頻婆果尒時妙莊
嚴王讚歎佛如是等无量百千万億功德已
於如來前一心合掌復白佛言世尊未曾有
也如來之法具足成就不可思議微妙功德
教戒所行安隱快善我從今日不復自隨心
行不生邪見憍慢瞋恚諸惡之心說是語已

（11–7）

禮佛而出佛告大衆於意云何妙莊嚴王豈
異人乎今華德菩薩是其淨德夫人今佛前
光照莊嚴相菩薩是哀愍妙莊嚴王及諸眷
屬故於彼中生其二子者今藥王菩薩藥上
菩薩是是藥王藥上菩薩成就如此諸大功
德已於无量百千万億諸佛所植衆德本成
就不可思議諸善功德若有人識是二菩薩
名字者一切世間諸天人民亦應礼拜佛說
是妙莊嚴王本事品時八万四千人遠塵離
垢於諸法中得法眼淨

妙法蓮華經普賢菩薩勸發品第二十八

尒時普賢菩薩以自在神通威德名聞與大
菩薩无量无邊不可稱數從東方來所經諸
國普皆震動雨寶蓮華作无量百千万億種

BD00126　妙法蓮華經卷七

國普皆震動雨寶蓮華作无量百千万億種
種伎樂又與无數諸天龍夜叉乾闥婆阿脩
羅迦樓羅緊那羅摩睺羅伽人非人等大衆
圍繞各現威德神通之力到娑婆世界耆闍
崛山中頭面礼釋迦牟尼佛右繞七帀白佛
言世尊我於寶威德上王佛國遥聞此娑婆
世界說法華經與无量无邊百千万億諸菩
薩衆共來聽受唯願世尊當為說之若善男
子善女人於如來滅後云何能得是法華經
佛告普賢菩薩若善男子善女人成就四法
於如來滅後當得是法華經一者為諸佛護
念二者植衆德本三者入正定聚四者發救
一切衆生之心善男子善女人如是成就四
法於如來滅後必得是經爾時普賢菩薩白

佛言世尊於後五百歲濁惡世中其有受
是經典者我當守護除其衰患令得安隱使
无伺求得其便者若魔若魔子若魔女若
魔民若為魔所著者若夜叉若羅剎若鳩槃
荼若毗舍闍若吉蔗若富單那若韋陁羅等
諸惱人者皆不得便是人若行若立讀誦此經
我尒時乘六牙白象王與大菩薩眾俱詣其
所而自現身供養守護安慰其心亦為供養
法華經故是人若坐思惟此經尒時我復乘
白象王現其人前其人若於法華經有所忘
失一句一偈我當教之與共讀誦還令通利
尒時受持讀誦法華經者得見我身甚大歡
喜轉復精進以見我故即得三昧及陁羅尼
名為旋陁羅尼百千万億旋陁羅尼法音方

喜轉復精進以見我故即得三昧及陁羅尼
名為旋陁羅尼百千万億旋陁羅尼法音方
便陁羅尼得如是等陁羅尼世尊若後世後
五百歲濁惡世中比丘比丘尼優婆塞優婆
夷求索者受持者讀誦者書寫者欲脩習是
法華經於三七日中應一心精進滿三七日
已我當乘六牙白象與无量菩薩而自圍繞
以一切衆生所喜見身現其人前而為說法
示教利喜亦復與其陁羅尼呪得是陁羅尼
故无有非人能破壞者亦不為女人之所惑
亂我身亦自常護是人唯願世尊聽我說此
陁羅尼即於佛前而說呪曰
阿檀地 途賣反 一 檀陁婆地 二 檀陁婆帝 三 檀陁鳩
賒隸 四 檀陁脩陁隸 五 脩陁隸 六 脩陁羅

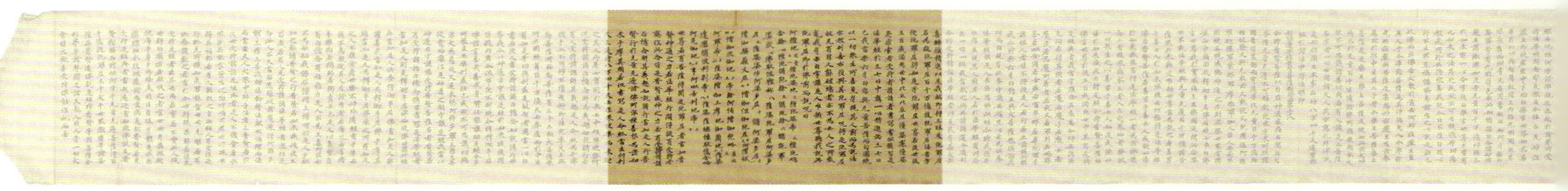

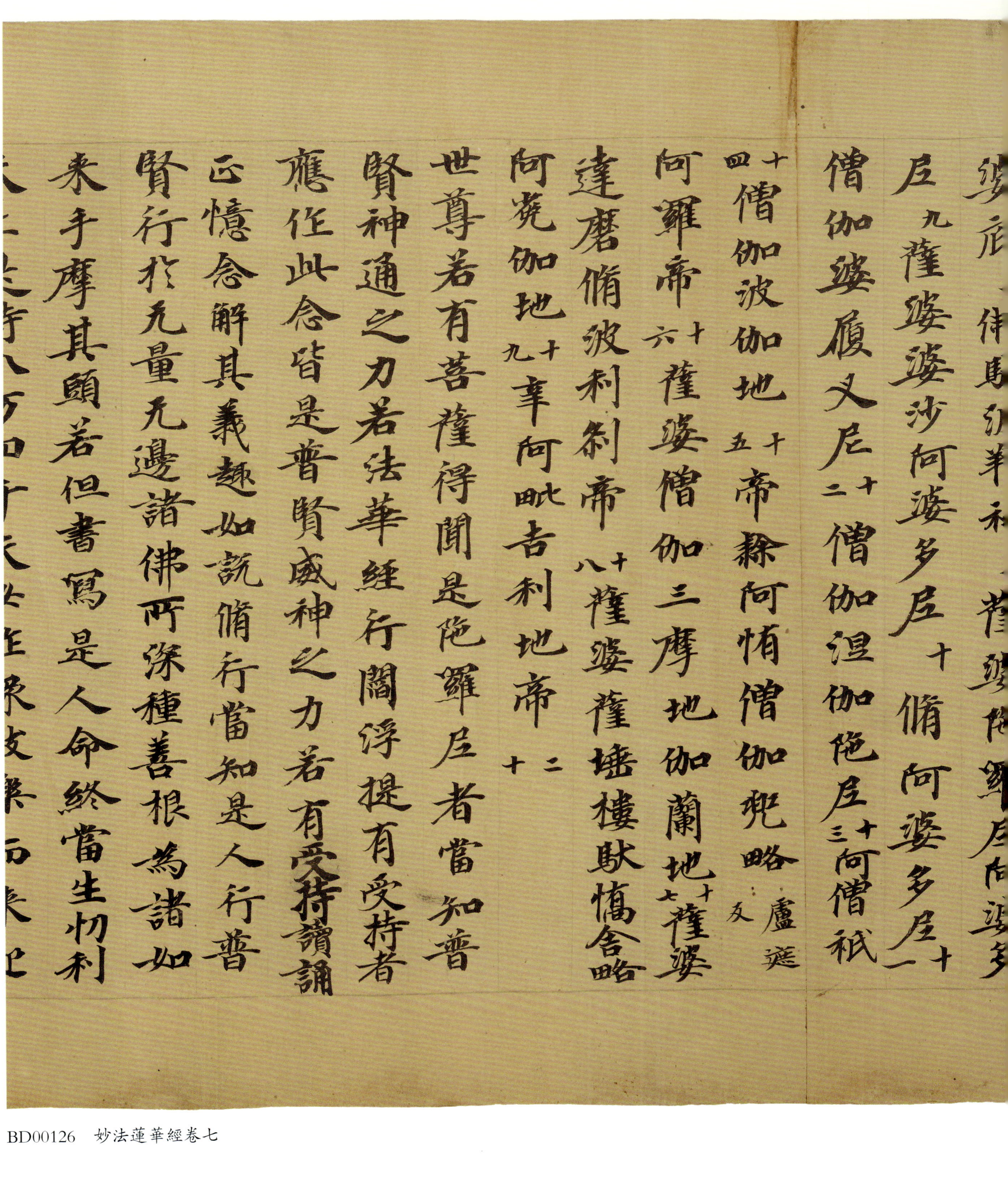

婆底　佛馱□羶禰　薩婆陁羅尼阿婆多
尼九薩婆婆沙阿婆多尼十脩阿婆多尼十一
僧伽婆履叉尼十二僧伽涅伽陁尼十三阿僧祇
十四僧伽波伽地十五帝隸阿惰僧伽兜略盧遮反
阿羅帝十六薩婆僧伽三摩地伽蘭地十七薩婆
達磨脩波利剎帝十八薩婆薩埵樓馱憍舍略
阿㝹伽地十九辛阿毗吉利地帝二十
世尊若有菩薩得聞是陁羅尼者當知普
賢神通之力若法華經行閻浮提有受持者
應作此念皆是普賢威神之力若有受持讀誦
正憶念解其義趣如說脩行當知是人行普
賢行於无量无邊諸佛所深種善根為諸如
來手摩其頭若但書寫是人命終當生忉利
天上是時八万四千天女作眾伎樂而來迎

BD00126　妙法蓮華經卷七

来手摩其頭若但書寫是人命終當生忉利
天上是時八万四千天女作衆伎樂而来迎
之其人即著七寶冠於采女中娛樂快樂何
況受持讀誦正憶念解其義趣如說脩行若
有人受持讀誦解其義趣是人命終為千佛
授手令不恐怖不墮惡趣即往兜率天上弥
勒菩薩所弥勒菩薩有三十二相大菩薩衆
所共圍繞有百千万億天女眷屬而於中生
有如是等功德利益是故智者應當一心自
書若使人書受持讀誦正憶念如說脩行世
尊我今以神通力守護是經於如来滅後閻
浮提內廣令流布使不斷絕尒時釋迦牟尼
佛讚言善哉善哉普賢汝能護助是經令多
所衆生安樂利益汝已成就不可思議功德

深大慈悲從久遠來發阿耨多羅三藐三菩
提意而能作是神通之願守護是經我當以
神通力守護能受持普賢菩薩名者普賢若
有受持讀誦正憶念修習書寫是法華經者
當知是人則見釋迦牟尼佛如從佛口聞此經
典當知是人供養釋迦牟尼佛當知是人佛
讚善哉當知是人為釋迦牟尼佛手摩其
頭當知是人為釋迦牟尼佛衣之所覆如是
之人不復貪著世樂不好外道經書手筆亦
復不喜親近其人及諸惡者若屠兒若畜猪
羊雞狗若獵師若衒賣女色是人心意質直
有正憶念有福德力是人不為三毒所惱亦
不為嫉妬我慢邪慢增上慢所惱是人少欲
知足能修普賢之行普賢若如來滅後後五

BD00126　妙法蓮華經卷七

不為嫉妬我慢邪慢增上慢所惱是人少欲
知足能脩普賢之行普賢若如來滅後後五
百歲若有人見受持讀誦法華經者應作是
念此人不久當詣道場破諸魔衆得阿耨多
羅三藐三菩提轉法輪擊法鼓吹法螺雨法
雨當坐天人大衆中師子法座上普賢若於
後世受持讀誦是經典者是人不復貪著衣
服卧具飲食資生之物所願不虛亦於現世
得其福報若有人輕毀之言汝狂人耳空作是
行終无所獲如是罪報當世世无眼若有
供養讚歎之者當於今世得現果報若復見
受持是經者出其過惡若實若不實此人現
世得白癩病若輕咲之者當世世牙齒踈缺
醜脣平鼻手脚繚戾眼目角睞身體臭穢惡

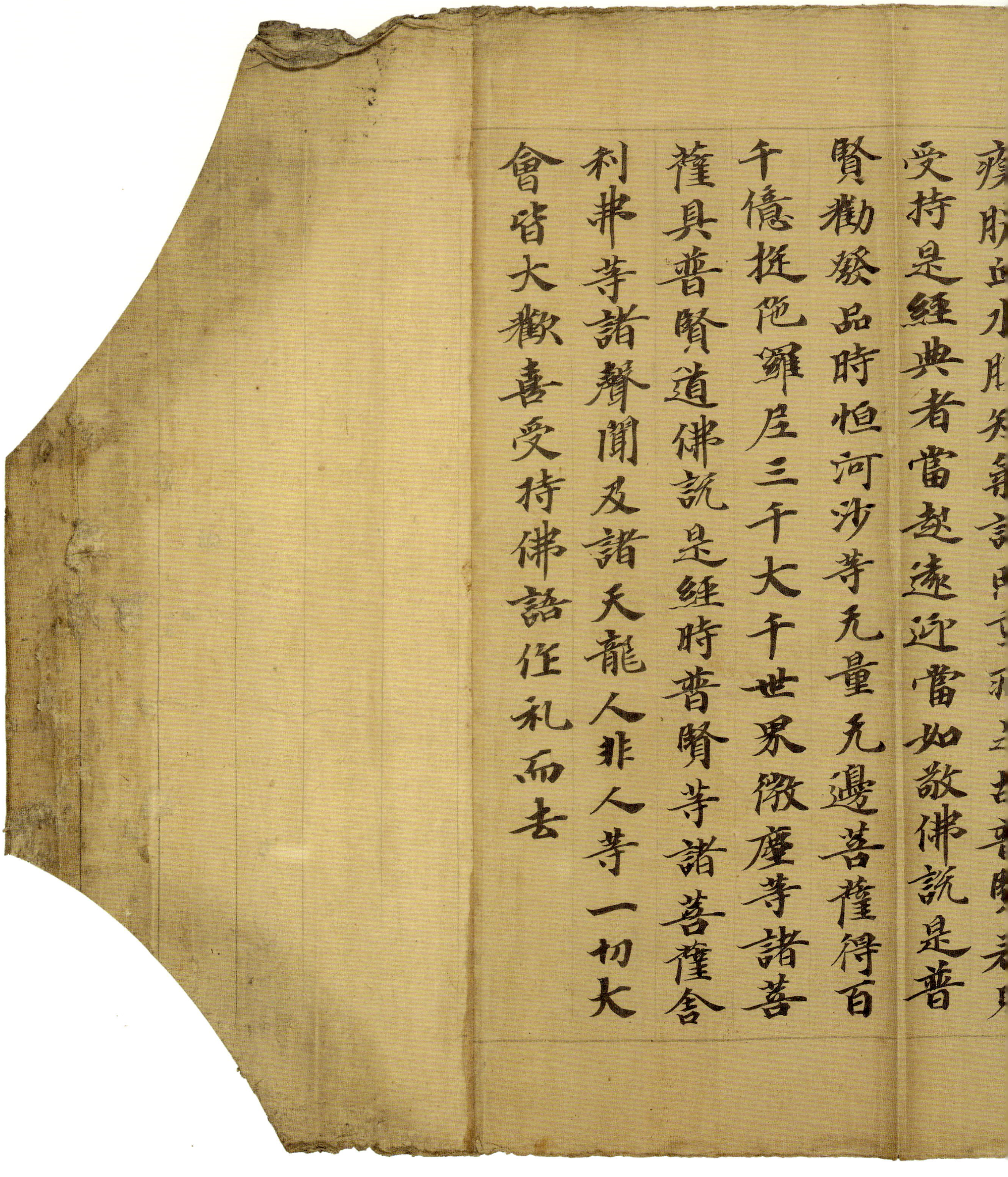

瘡膿血水腹短氣諸惡重病是故普賢若見
受持是經典者當起遠迎當如敬佛説是普
賢勸發品時恒河沙等无量无邊菩薩得百
千億旋陁羅尼三千大千世界微塵等諸菩
薩具普賢道佛説是經時普賢等諸菩薩舍
利弗等諸聲聞及諸天龍人非人等一切大
會皆大歡喜受持佛語作礼而去

BD00126　妙法蓮華經卷七

BD00126v　雜寫

BD00127　大方廣佛華嚴經（五十卷本）卷四

（東晉）佛馱跋陀羅　譯

671.2cm×26.7cm

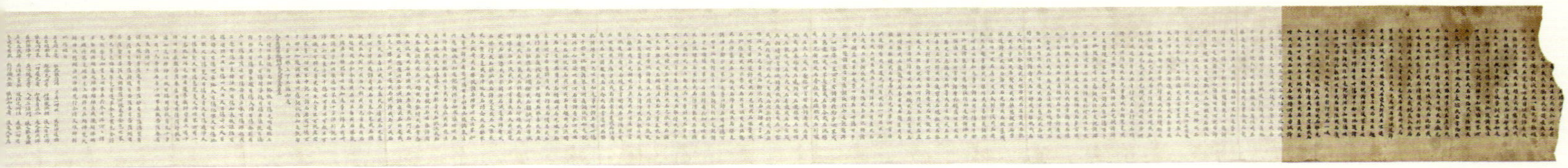

名壞相或……
惠[illegible]或名生无或名分所名苦
[illegible]名匹義或名堅固或名讚嘆或名
安隱或名善趣或調伏或名一道或名離煩
惱或名不亂或名究竟所名苦滅道諦者或
名猛將或名不没或名超出或名慧方便或
名普根或名離邊或名覺悟或名得妙或名
无上自或名觀方諸佛子彼蜜訓世界如是
等四諦名字有卌億百千那由他隨諸衆生
所應調伏作如是說諸佛子如娑婆世界所
名苦諦於最勇世界或名怖恐或名福斷或
名應呵責或名常給或名處惚或名常恐或
名離勝或名雋利或名難共事或名虛妄或
名勢力所名苦集諦者或名因緣或名癈无
[illegible]

苦滅諦者或名大義或名大義饒益分或名
義中義或名无量或名見或名虛妄斷或名
冡勝或名常或名住或名无為所名苦滅道諦
者或名滅火或名勝拔或名定分別或名不退
或名深方便或名出或名冡上或名至非趣
或名解脫或名能令解脫諸佛子彼冡勇世
界如是等四諦名有卌億百千那由他隨諸
衆生所應調伏作如是說諸佛子如娑婆世
界所說苦諦於離垢世界或名海限或名資
侍或名分別或名輪迴或名前行或名一味
或名非法或名現前地或名冡耶或名耶見
或名不可忍所名苦集諦者或名虛空器或名
分或名廿忍或名生地或名取或名棄或名
增或名擔或名能生或名堅縛所名苦滅諦

增或名擔或名能生或名堅縛所名苦滅諦
者或名等〻或名空或名无垢或名勝根或
名勝等或名无作或名滅使或名最上或名
畢竟或名破邪所名苦滅道諦者或名真堅
固或名方便分別或名無根或名真性或名
離憂或名勝淨或名有邊或名寄令或名究
竟或名淨虛妄諸佛子離垢世界如是等四
諦名有卌億百千那由他隨諸衆生所應調
伏作如是說諸佛子如婆遠世界所說苦諦
於真實境世界或憂欲或名嶮根或名海分
或名邪方便或名分別根或名流轉或名
生滅或名亂尋或名倒根或名有數所名苦集
諦者或名憂或名陷溺或名不可盡或名分
或名不正趣或名津染或名事或名亂尋或
[illegible]

无作或名无色或名无燒或名明或名淨所
名苦滅道諦者或名寂行或名正行或名循
證或名出隱道或名无量壽或名循究竟或
名常道或名難得或名彼坪或名无敵諸佛
子真實境世界如是等四諦名有卌億百千
那由他隨諸衆生所應調伏作如是說諸佛
子如娑婆世界所名苦諦者於呵足世界或
名掠取或名非善友或名戰怖或名多言或
名真地獄或名非法調伏或名重擔或名壞
根或名虛妄或名虛妄根所名苦集諦者或
名貪或名作或名惡或名生或名繫縛或名
想或名有果或名不憂或名不應說或名迴
轉所名苦滅諦者或名不轉或名解脫或名
无作或名離憂或名堅固或名真實或名離

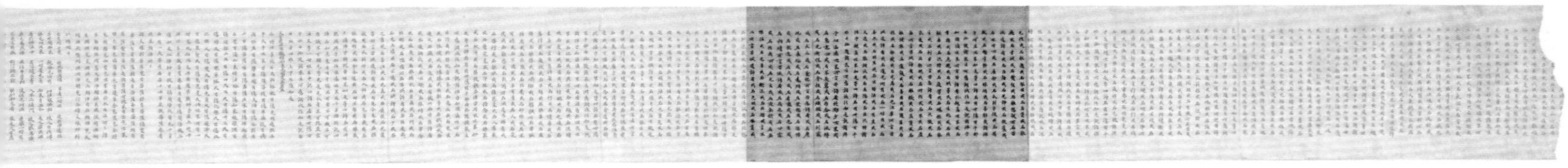

无作或名離愛或名堅固或名真實或名離
麁或名寂滅或名賢聖或名離怨敵所名苦
滅道諦者或名正語或名无諍或名教導或
名迴向心或名廣妙或名分別方便或名有
數或名趣寂靜或名勝媢或名善解義諸佛
子呵居世界如是等四諦名有卌億百千那
由他隨諸衆生所應調伏往如是說諸佛子
如淩淩世界所言苦諦者於饒益世界或名
重擔或名危脆或名賊等或名生死或名非
歡害或名流轉或名疲勞或名醜狠或名能
生或名利刃所言苦集諦者或名流轍或名
豕違或名非解脫或名所作或名取或名虛
妄所言苦滅諦者或名離獄或名真實或名
離諸難或名覆護或名善固或名隨至或名

善本或名明至或名不轉法或名有盡或名
大道或名能調伏或名出隱或名非流轉諸
佛子饒益世界如是等四諦名有卌億百千
那由他隨諸衆生所應調伏作如是說諸佛
子如娑婆世界所言苦諦者於欺少世界或
名惡建心或名不長慧或名耶念或名流轉
或名无慚愧或名貪根或名熾燃或名剌蘇
或名火山或名憂惱所言苦集諦者或名廣
地或名未起或名遠焰或名衆惱或名恐怖
或名放逸或名大失或名着處或名无主或
名相續所言苦滅諦者或名具足或名甘露
或名非我所或名无主或名虚妄斷或名安
樂住或名无量或名斷流或名非趣或言不
二所言苦滅道諦者或名光明或名堅實或

二所言苦滅道諦者或名光明或名堅實或
名知滌穢或名正業或名非生滅或名非想
或名淨導或名正趣或名淨方便或名勝見
諸佛子勘少世界如是等四諦名有卌億百
千那由他隨諸衆生所應調伏作如是說諸
佛子如娑婆世界所名苦諦者於知足世界
或名流轉或名失利或名染污穢或名重擔
或名惡形或名内惡或名非專到或名害處
或名苦惱所言苦集諦者或名能持或名方
便或名過時或名非實法或名无疵或名攝
受或名離穢或名煩惱法或名无量見或名
惡趣所言苦滅諦者或名壞身或名不放逸
或名真實或名等等或名清淨或名離生或
名離曲或名无相或名具足或名不生所言

道或名可稱歎或名正念或名常道或名解
脫諸佛子知是世界如是等四諦名有卌億
百千那由他隨諸衆生所應調伏作如是說
諸佛子如娑婆世界所名苦諦者於所求世
界或名壞瓶或名我所或名身趣或名流轉
或名養主或名苦或名輕飄或名无味或名
未去所言苦集諦者或名行或名憤毒或名
惡行或名愛枝或名不起或名雜毒或名虛
稱或名離勝或名熾燃或名猶豫所名苦滅
諦者或名非聚或名非處或名妙樂或名不
可壞或名不沒或名不可量或名大或名覺
枝或名離染或名鄣閡所名滅道苦諦者或
名勝行或名離欲或名諦究竟或名入深義
或名寶究竟或名淨現或名持念或名離鄣

或名寶究竟或名淨現或名持念或名離戲
或名救濟或名勝枝諸弟佛子所求世界如
是等四諦名者有卌億百千那由他隨諸衆生
所應調伏作如是說諸佛子如娑婆世所名
苦諦者於解脫音世界或名愚癡或名衆生
或名依枝或名壞勝或名戟号或名馳流或名
逐或名藏或名受或名苦枝所名苦集諦者
或名邊調伏或名心趣或名能縛或名常念
或名彼邊或名離循或名虛妄或名門或名
輕飄或名隱覆所名苦滅諦者或名非處或
名无上勝或名不還或名滅諍或名少或名
无害或名善住或名无盡或名廣或名无賈
等所言苦滅道諦者或名自見令見或名摧
敵或名分別印或名入相或名无量義或名
或名明或名知入道或名[illegible]不動或名集義

說諸佛子如此娑婆世界及十方佛刹說四
諦名如是東方百千億不可量不可數不可
思議不可稱无等无邊无分齊不可說虛空
法界等一切世界中說四諦名若有卌億百
千那由他隨諸衆生所應調伏作如是說南
西北方四維上下亦復如是

大方廣佛華嚴經如來光明覺品第五

尒時世尊從兩足相輪放百億光明遍照三
千大千世界百億閻浮提百億弗婆提百億
拘耶尼百億鬱單越百億大海百億金剛圍
山百億菩薩生百億菩薩出家百億佛始成
正覺百億如來轉法輪百億如來般涅槃百
億須弥山王百億四天王天百億卅三天百
億時天百億兜率陁天百億化樂天百億他

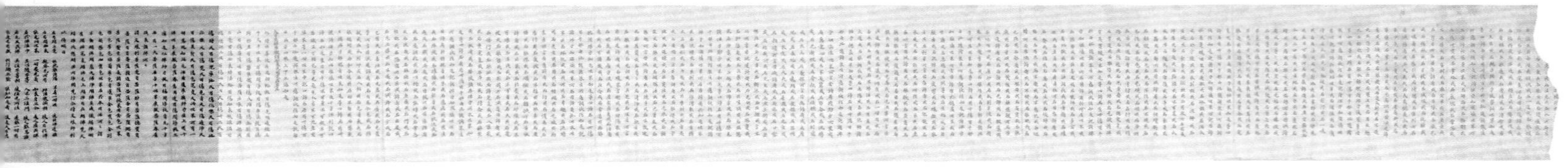

億時天百億兜率陁天百億化樂天百億他
化樂天百億梵天百億光音天百億遍淨天
百億果實天百億色究竟天此世界所有一
切悉現如此見佛坐蓮華藏師子坐上有十
佛世界塵數菩薩眷屬圍遶百億閻浮提亦
復如是以佛神力故百億閻浮提皆見十方
各有一大菩薩各与十世界塵數菩薩眷屬
俱來詣佛所〻
謂文殊利菩薩覺首菩薩財首菩薩德寶首
菩薩目首菩薩精進首菩薩善首菩薩智首
菩薩賢首菩薩是諸菩薩所從來國金色世界
樂色華色瞻蔔華色青蓮華金色寶色金剛
色頗梨色如實色世界名於本國佛所〻謂
不動智佛智慧火佛淨智佛具威儀智佛明

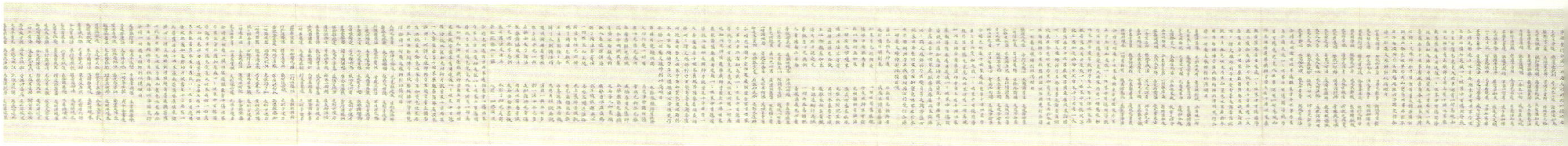

以偈頌曰

若有知正覺　解脫離諸漏　不著一切世　彼非淨道眼
若有知如來　觀察无所有　知法散滅相　彼人自作佛
能見此世界　一切處无著　如來身亦尒　是人疾成佛
若於佛法中　其心隨平等　入不二法門　彼人難思議
若見及我佛　安住平等相　彼住无所住　遠離一切有
色受无有數　相行識亦然　能知如是者　彼是大牟尼
見者无所有　所有法亦无　明了一切法　彼能照世間
一念見諸佛　出現于世間　而實无所起　彼人大名稱
无我无衆生　亦无有壞敗　若轉如是相　彼則无上人
一中解无量　无量中解一　展轉生真實　智者无所畏
如此處文殊師利說偈一切處亦復如是尒
時光明過此世界遍照東方十佛國土南西
北方四維上下亦復如是彼一一世界中百

北方四維上下亦復如是彼一一世界中百
億閻浮提乃至百億色究竟天世界所有一
切悉現如此見佛蓮華藏師子坐上有十
佛世界塵數菩薩眷屬圍遶彼一一世界中
百億閻浮提亦復如是佛神力故皆見十方
各有一大菩薩各与十佛世界塵數菩薩眷
屬俱來詣佛所所謂文殊師利乃至賢首等
是諸菩薩所從來國金色世界乃至如寶色
世界各於本國不動智佛乃至伏怨智佛所
淨脩梵行尒時一切處文殊師利以偈頌曰

見衆生苦逼　癡覆愛欲刺　常求无上道　諸佛法如是
離斷常二邊　見法實不轉　昔所未曾轉　轉此无上輪
不可思議劫　被弘誓德鎧　為度生死故　大聖法如是
導師降衆魔　勇健莫能勝　愛語離衆怖　无上慈悲法

不壞无量境　能遊无數刹　不取一切有　彼自在如佛
无比歡喜念　諸佛常清淨　虛空等如來　彼是具足願
一一衆生故　阿鼻地獄中　无量劫燒煮　心淨如最勝
不惜身壽命　常護諸佛法　具足行忍辱　彼自得如來法
尒時光明過十世界遍照東方百世界乃至
上方亦復如是彼一一世界中百億閻浮提
乃至百億色究竟天世界所有一切悉現如
此見佛坐蓮花藏師子坐上有十佛世界塵
數菩薩眷屬圍遶彼一一世界中百億閻浮
提亦復如是佛神力故皆見十方各有一大
菩薩各與十世界塵數菩薩眷屬俱來詣佛
所謂文殊師利乃至賢首等是諸菩薩所
從來國金色世界乃至如實色世界各於本
國不動智佛乃至伏怨智佛所淨脩梵行尒

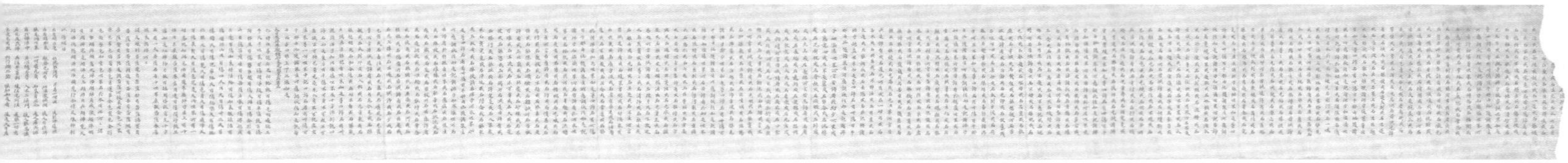

國不動猶佛乃至伏怨猶佛所淨脩梵行尒
時一切處文殊師利以偈頌曰
如來覺諸法　如幻如虛空　心淨无鄣㝵　調伏群生類
或見初生時　妙色如金山　住是冣後身　照明如滿月
或見經行時　攝无量功德　念慧善具足　明行人師子
或見明淨眼　觀察見十方　或見我戲咲　衆生樂欲故
或見師子吼　清淨无比身　示現冣後生　所說无非實
或見出家時　解脫一切縛　脩習諸行佛　常樂觀寂滅
或見坐道場　善覺一切法　度諸功德岸　癡闇煩惱滅
或見天人尊　具足大悲心　或見轉法輪　度脫諸群生
或見无畏吼　儀容甚微妙　調伏一切世　神力无鄣㝵
或見寂靜心　世間燈永滅　或見十力尊　顯現自在法
尒時光明過百世界遍照東方千世界乃至
上方亦復是彼一一世界中百億閻浮提乃

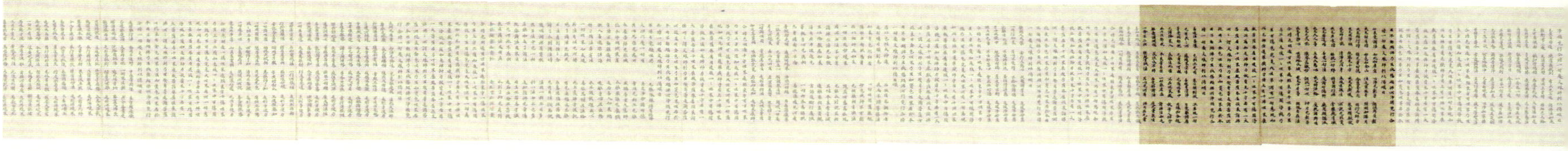

數菩薩眷屬圍遶彼一〻世界中百億閻浮
提亦復如是佛神力故皆見十方各有一大
菩薩名与十世界塵數菩薩眷屬俱來詣佛
所〻謂文殊師利乃至賢首等是諸菩薩所
從國土金色世界乃至如實色世界各於本
國不動智佛乃至伏怨智佛所淨脩梵行尒
時一切處文殊師利以偈頌曰
善逝法甚深　无相亦无有　衆生顛到故　次第現一切
无有我〻所　彼境界空寂　善逝身清淨　自覺離諸塵
等覺明解脫　无量不可數　无邊世界中　因緣和合起
无諸陰界入　永離生死苦　不在世界數　故号人師子
外內俱解脫　本來常自空　一切離虛妄　諸佛法如是
離癡諸煩惱　長流永不轉　正覺解諸法　度无量衆生
一念不二相　樂觀寂滅法　其心无所着　佛自在无量

一念不二相　樂觀寂滅法　其心无所著　佛自在无量
善知因緣法　業報度衆生　寂勝无等智　甚深難思議
普見十方界　嚴淨諸佛刹　如來離虚妄　度脫无量衆
佛智如練金　一切有非有　隨其所應化　為說清淨法
尒時光明過千世界遍照東方万世界乃至
上方亦復如是彼一一世界中百億閻浮提
乃至百億色究竟天世界所有一切悉現如
此見佛坐蓮華藏師子坐上有十佛世界塵
數菩薩眷屬圍遶彼一一世界中百億閻浮
提亦復如是佛神力故皆見十方各有一大
菩薩各与十世界塵數菩薩眷屬俱來詣佛
所所謂文殊師利乃至賢首等是諸菩薩所
從來國金色世界乃至如實色世界各於本國
不動智佛乃至伏怨佛智所淨脩梵行尒時
一切處文殊師利以偈頌曰
[illegible]

永離生死海　不退佛法流　善住清涼慧　是彼淨妙業
身四威儀中　觀察深功德　晝夜常不斷　是彼淨妙業
覩三世无量　不生懈怠心　常求佛功德　是彼淨妙業
尒時光明過十世界遍照東方十万世界乃
至上方亦復如是彼一〻世界中百億閻浮
提乃至百億色究竟天世界所有一切悉現
如此見佛坐蓮華藏師子坐上有十佛世界
塵數菩薩眷屬圍遶彼一〻世界中百億閻
浮提亦復如是佛神力故皆見十方各有一大
菩薩各与十世界塵數菩薩眷屬俱來詣佛所
所〻謂文殊師利乃至賢首等是諸菩薩所
從來國金色世界乃至如實色世界各於本
國不動智佛乃至伏怨智佛所行梵行尒時
一切處文殊師利以偈曰頌

一切處文殊師利以偈日頌

若以色性大神通　而欲度見調御士
是則瞖目顛倒見　彼為不識最勝法
如來身色形相處　一切世間莫能覩
億那由劫欲思量　妙色威神不可提
非以相好為如來　无相離相寂滅法
一切具足妙境界　隨其所應悉能現
諸佛正法不可量　无能分別說其相
諸佛正法无合散　其性本來常寂滅
不以陰數為如來　遠離取相真實觀
得自在力決定見　言語道斷行處滅
等觀身心无異相　一切內外悉解脫
无量億劫二不念　善逝深遠无所着
普放妙光明　遍照世境界　淨眼一切智　自在深廣業

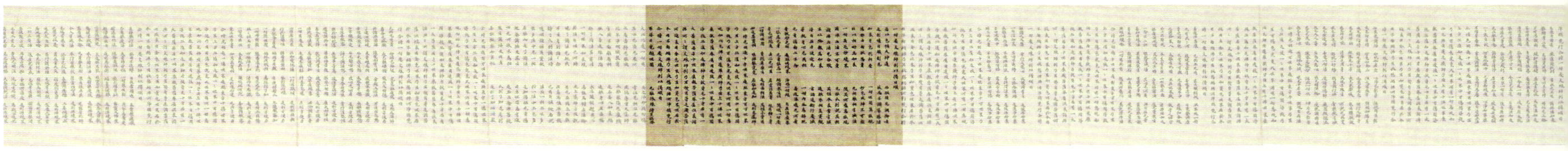

一切諸世間　皆從虛妄生　是則妄相法　其性未曾有
如是真實相　唯佛能究竟　若能如是知　是則見導師
尒時光明過十方世界遍照東方百万世界
乃至上方亦復如是彼一一世界中百億閻
浮提乃至百億色究竟天世界所有一切悉
現如此見佛坐蓮華藏師子坐上十佛世界
塵數菩薩眷屬圍遶彼一一世界中百億閻
浮提亦復如是佛神力故皆見十方各有一
大菩薩各與十世界塵數菩薩眷屬俱來詣
佛所所謂文殊師利乃至賢首等是諸菩薩
所從來國金色世界乃至如實色界世各於
本國不動智佛乃至伏怨智佛所淨脩梵行
尒時一切處文殊師利以偈頌曰
冣勝自覺超世間　无能依殊特莫能勝

最勝自覺超世間　无能依殊特莫能勝
大心化度一切有　具足淨妙諸功德
其心无染无處所　常住无相亦无能
永處吉祥无能毁　威德尊重大導師
從本淨明滅衆冥　永離衆染无塵穢
寂然不動離邊相　是名善入如來智
欲入善逝深法海　遠離身心虛妄想
解了諸法真實性　永不隨順起我心
一切世界如來境　悉能為轉正法輪
於法自性无所轉　无上導師方便說
曉了諸法无疑惑　有无妄想永已離
不生着別種種念　正意思惟佛菩提
諦了分別諸法時　无有自性假名說
隨順諸佛真實教　法非一相亦不多

觀察諸法及衆生　國土世間悉寂滅
心无所依不忘相　是名正念佛菩提
衆生諸法及國土　分別了知无差別
善能觀察如實性　是則了知佛法藏

尒時光明過百万世界遍照東方一億世界乃至上方亦復如是彼一一世界中百億閻浮提乃至百億色究竟天世界所有一切悉現如此見佛坐蓮花藏師子坐上有十佛世界塵數菩薩眷屬圍遶彼一一世界中百億閻浮提亦復如是佛神力故皆見十方各有一大菩薩各与十世界塵數菩薩眷屬俱來詣佛〻〻所謂文殊師利乃至賢首等是諸菩薩所從來國金色世界乃至如實色世界各於本國不動智佛乃至伏怨智佛所淨脩梵

於本國不動詣佛乃至伏怨詣佛所淨脩梵
行尒時一切處文殊師利以偈頌曰
大智无有量　妙法无倫匹　究竟能度彼　生死大海圻
壽命无終極　永已離熾燃　彼成大功德　是則方便力
於諸佛深法　隨覺如實性　常觀三世法　不生止足想
了達所緣境　未曾起忘相　彼樂不思議　是則方便力
常樂觀衆生　而无衆生想　示現有身趣　永離諸趣想
內常樂禪定　而无繫心想　彼心无所着　是則方便力
方便善觀察　諦了諸法想　專念正思惟　常行湼槃性
樂於解脫道　具足平等慧　彼住寂滅法　是則方便力
隨順調御士　究勝佛菩提　攝取一切智　廣大如法性
善入真實諦　教化諸羣生　彼成究勝意　是則方便力
佛說深法義　悉能隨順知　入深廣智慧　滅除諸鄣㝵
一切至處道　是處悉能到　行是自覺道　是則方便力

常記念晝夜　晦朔日月數　年歲時劫分　亦隨觀察知
一切諸世間　始終成敗相　悉能諦了知　是則方便力
一切群萌類　隨業受生死　有色及无色　有相亦非想
彼彼性名号　所趣諦了知　得此不思議　是則方便力
一切過去世　未來現在法　隨順佛所說　善念諦觀察
覺三世平等　如其真實相　是則深妙道　无比方便力
尒時光明過一億世界遍照東方十億世界
乃至上方亦復如是彼一一世界中百億閻
浮提乃至百億色究竟天世界有所一切悉
現如此見佛坐蓮華藏師子坐上有十佛世
界塵數菩薩眷屬圍遶彼一一世界百億閻
浮提亦復如是佛神力故皆見十方各有一
大菩薩各與十世界塵數菩薩眷屬俱來詣
佛所所謂文殊師利乃至賢首等是諸菩薩

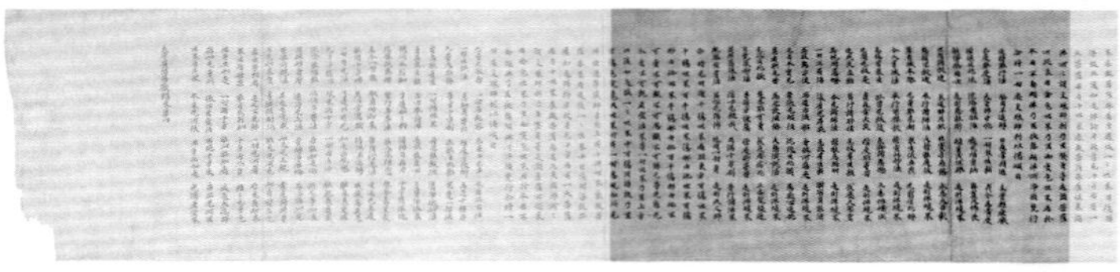

佛所〻謂文殊師利乃至賢首菩薩
所從来國金色世界乃至如實色世界各於
本國不動智佛乃至伏怨智佛所淨脩梵行
尒時一切慧文殊師利以偈頌曰
受持難行法　堅固不退轉　日夜常精進　未曾起疲厭
已度難度海　大音師子吼　一切衆生類　我今悉當度
潮浪生死流　沈溺愛欲海　癡惑結重網　昏冥大怖畏
離慢堅固士　是則悉能斷　超勇成世雄　是則佛境界
世間諸放逸　長迷醉五欲　非實與妄想　永爲大苦聚
懃脩不放逸　奉行諸佛法　大智能度彼　是則佛境界
慧者滅本際　无量難見劫　衆生依五我　无窮生死轉
令入寂滅法　奉行最勝教　智宣此妙法　是則佛境界
見彼苦衆生　孤勞无救護　永淪諸惡趣　三毒恒熾燃
无間无救處　晝夜常火炎　智度斯等苦　是則佛境界

等現知慧燈　令見諸佛法　抉有[illegible][illegible]目　是則佛境界
一切三有海　深廣无崖底　見彼羣生類　渕溺莫能濟
為彼熟方便　興造正法船　普攝所應度　是則佛境界
无有本實見　常依无明住　沉没生死淵　愚癡心迷亂
慧者斯見苦　為之說法橋　大悲演說法　是則佛境界
見彼生死獄　楚毒難可量　長夜老病死　三毒競侵逼
自覺深妙法　專循方便慧　拯度斯等苦　是則佛境界
聞佛甚深法　信心无疑惑　周滿十方剎　普行諸法界
觀察空寂法　其心无恐怖　現同一切身　是則天人師
尒時光明過十億世界遍照東方百億世界
千億世界百千億世界億那由他世界百億
那由他世界千億那由他世界百千億那由他不
可量不可數不可思議不可稱无等无邊无
分齊不可說虛空法界等一切世界乃至上方
亦復如是彼一一世界中百億閻浮提乃至
百億色究竟天世界所有一切悉現如此見

[illegible]
亦復如是彼一一世界中百億閻浮提乃至
百億色究竟天世界所有一切悉現如此見
佛坐蓮華藏師子坐上有十佛世界塵數菩
薩眷屬圍遶彼一一世界中百億閻浮提亦
復如是佛神力故皆見十方各有一大菩薩
各与十世界塵數菩薩眷屬俱來詣佛所所
謂文殊師利乃至賢首等是諸菩薩所從來
國金色世界乃至如實色世界各於本國不
動智佛乃至伏怨智佛所淨脩梵行尒時一
切處文殊師利以偈頌曰
无量无數劫　一念悉觀察　无來亦无去　現在亦不住
一切生滅法　悉知真實相　超度方便岸　具足十種力
无等大名稱　普方十方剎　永離生死難　究竟一切法
皆悉能遍至　一切諸世界　具足能敷演　清淨微妙法

從勝供養佛　樂行忍辱法　能入深禪定　觀察真實義
悉令一切衆　歡喜向如來　菩薩行是法　速逮无上道
能問十方佛　其心常湛然　信佛不退轉　威儀悉具足
一切有无法　了達非有无　如是正觀察　能見真實佛
无量淨樂心　境界滿十方　一切國土中　能說真實義
滅除衆垢難　安住平等法　若能如是化　斯人等如來
聞佛妙音聲　逮得无上法　常轉淨法輪　甚深難知見
最勝所說法　具足七覺義　如是无上觀　常見諸佛身
不見如來空　寂滅猶幻化　雖見无所見　如盲對五色
虛妄取相者　是人不見佛　一切无所著　乃見真如來
衆生種種業　難可分別知　十方內外身　種種无量色
佛身亦如是　一切滿十方　難知能知者　彼是大導師
譬如无量剎　依止虛空住　不從十方來　去亦无所至
世界若成敗　本來无所依　佛身亦如是　充滿虛空界

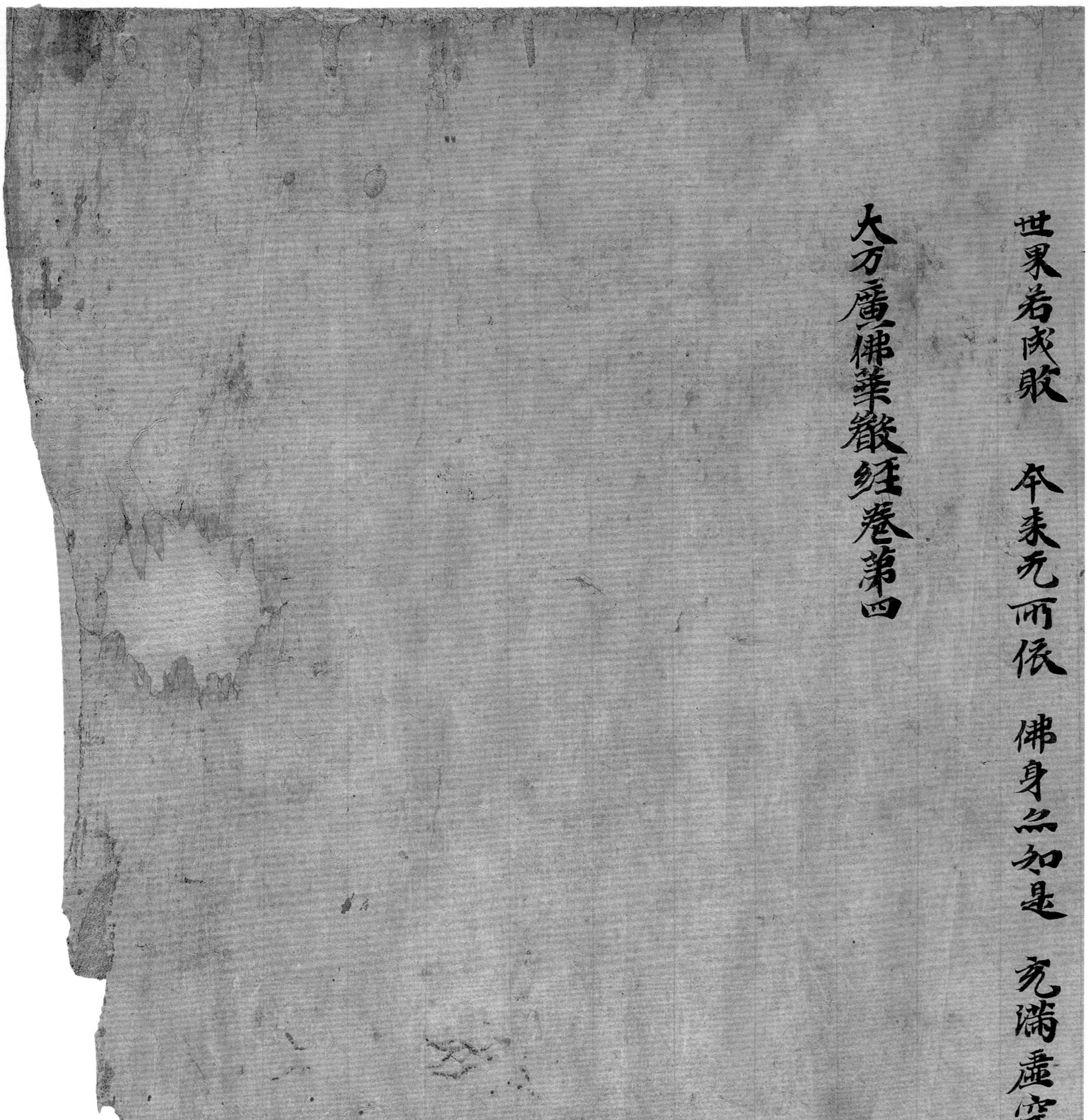

世界若成敗　本來无所依　佛身亦如是　充滿虛空界

大方廣佛華嚴經卷第四

BD00128 妙法蓮華經卷二

（後秦）鳩摩羅什 譯

BD00128v 勘記

980.5cm × 26.4cm

餝安隱豊樂天人熾
黄金爲繩以界其側
有華菓華光如来
非彼佛出時雖非惡世以本願
其劫名大寶莊嚴何故名曰大寶莊嚴其國
中以菩薩爲大寶故彼諸菩薩無量無邊
可思議筭數譬喻所不能及非佛智力無能
知者若欲行時寶華承足此諸菩薩非初發
意皆久殖德本於無量百千萬億佛所淨脩
梵行恒爲諸佛之所稱嘆常脩佛慧具大神
通善知一切諸法之門質直無僞志念堅固
如是菩薩充滿其國舍利弗華光佛壽十二
小劫除爲[illegible]佛時其國人民壽八小

劫華光如來過十二小劫授堅滿菩薩阿耨
多羅三藐三菩提記告諸比丘是堅滿菩薩
次當作佛号曰華足安行多陁伽度阿羅
訶三藐三佛陁其國土亦復如是舍利弗
是華光佛滅度之後正法住世三十二小劫
像法住世亦三十二小劫尒時世尊重宣
此義而說偈言

舍利弗來世　成佛普智尊　号名曰華光　當度無量衆
供養無數佛　具足菩薩行　十力等功德　證於無上道
過無量劫已　劫名大寶嚴　世界名離垢　清淨無瑕穢
以琉璃為地　金繩界其道　七寶雜色樹　常有華菓實
彼國諸菩薩　志念常堅固　神通波羅蜜　皆已悉具足
於無數佛所　善學菩薩道　如是等大士　華光佛所化
佛為王子時　棄國捨世榮　於㝡末後身　出家成佛道

佛爲王子時　棄國捨世榮　於最末後身　出家成佛道
華光佛住世　壽十二小劫　其國人民衆　壽命八小劫
佛滅度之後　正法住於世　三十二小劫　廣度諸衆生
正法滅盡已　像法三十二　舍利廣流布　天人普供養
華光佛所爲　其事皆如是　其兩足聖尊　最勝無倫匹
彼即是汝身　宜應自欣慶
尒時四部衆比丘比丘尼優婆塞優婆夷天
龍夜叉乾闥婆阿脩羅迦樓羅緊那羅摩睺
羅伽等大衆見舍利弗於佛前受阿耨多羅
三藐三菩提記心大歡喜踊躍無量各各脫
身所著上衣以供養佛釋提桓因梵天王等
與無數天子亦以天妙衣天曼陀羅華摩訶
曼陀羅華等供養於佛所散天衣住虛空中

而自迴轉諸天伎樂百千萬種於虛空中
時俱作雨眾天華而作是言佛昔於波羅奈
初轉法輪今乃復轉無上最大法輪尒時諸
天子欲重宣此義而說偈言
昔於波羅奈　轉四諦法輪　分別說諸法　五眾之生滅
今復轉最妙　無上大法輪　是法甚深奧　少有能信者
我等從昔來　數聞世尊說　未曾聞如是　深妙之上法
世尊說是法　我等皆隨喜　大智舍利弗　今得受尊記
我等亦如是　必當得作佛　於一切世間　最尊無有上
佛道叵思議　方便隨宜說　我所有福業　今世若過世
及見佛功德　盡迴向佛道
尒時舍利弗白佛言世尊我今無復疑悔親
於佛前得受阿耨多羅三藐三菩提記是諸
千二百心自在者昔住學地佛常教化言我

於佛前得受阿耨多羅三藐三菩提記是諸
千二百心自在者昔住學地佛常教化言我
法能離生老病死究竟涅槃是學無學人亦
各自以離我見及有無見等謂涅槃而今
於世尊前聞所未聞皆墮疑惑善哉世尊願
為四衆說其因緣令離疑悔尒時佛告舍利
弗我先不言諸佛世尊以種種因緣譬喻言
辭方便說皆為阿耨多羅三藐三菩提耶
是諸所說皆為化菩薩故然舍利弗今當復
以譬喻更明此義諸有智者以譬喻得解舍
利弗若國邑聚落有大長者其年衰邁財
富無量多有田宅及諸僮僕其家廣大唯有一
門多諸人衆一百二百乃至五百人止住其

堂閣朽故墻壁隤落柱根腐敗梁棟傾
危周帀俱時欻然火起焚燒舍宅長者諸子若
十二十或至三十在此宅中長者見是大火
從四面起即大驚怖而作是念我雖能於此
所燒之門安隱得出而諸子等於火宅內樂
著嬉戲不覺不知不驚不怖火來逼身苦痛
切己心不猒患無求出意舍利弗是長者作
是思惟我身手有力當以衣裓若以几案從
舍出之復更思惟是舍唯有一門而復狹小
諸子幼稚未有所識戀著戲處或當墮落為
火所燒我當為說怖畏之事舍已燒宜時
疾出無令為火之所燒害作是念已如所思
惟具告諸子汝等速出父雖憐愍善言誘喻
而諸子等樂著嬉戲不肯信受不驚不畏了

而諸子等樂著嬉戲不肯信受不驚不畏了
無出心亦復不知何者是火何者爲舍云何
爲失但東西走戲視而已尒時長者即作
是念此舍已爲大火所燒我及諸子若不時
出必爲所焚我今當設方便令諸子等得免
斯害父知諸子先心各有所好種種珎玩奇
異之物情必樂著而告之言汝等所可玩好
希有難得汝若不取後必憂悔如此種種羊
車鹿車牛車今在門外可以遊戲汝等於此
火宅宜速出來隨汝所欲皆當與汝尒時諸
子聞父所說珎玩之物適其願故心各勇鋭
互相推排競共馳走爭出火宅是時長者見
諸子等安隱得出皆於四衢道中露地而坐

無復障礙其心泰然歡喜踊躍時諸子等各
白父言父先所許玩好之具羊車鹿車牛車
願時賜與舍利弗尒時長者各賜諸子等一
大車其車高廣衆寶莊校周帀欄楯四面懸
鈴又於其上張設幰蓋亦以珎奇雜寶而嚴
飾之寶繩交絡垂諸華瓔重敷綩綖安置丹
枕駕以白牛膚色充潔形體姝好有大筋力
行步平正其疾如風又多僕從而侍衛之所
以者何是大長者財富無量種種諸藏悉皆
充溢而作是念我財物無極不應以下劣小
車與諸子等今此幼童皆是吾子愛無偏黨
我有如是七寶大車其數無量應當等心各
各與之不宜差別所以者何以我此物周給

各與之不宜差別所以者何以我此物周給
一國猶尚不匱何況諸子是時諸子各乘大
車得未曾有非本所望舍利弗於汝意云何
是長者等與諸子珍寶大車寧有虛妄不舍
利弗言不也世尊是長者但令諸子得免火
難令其軀命非為虛妄何以故若令身命便
為已得玩好之具況復方便於彼火宅而拔
濟之世尊若是長者乃至不與最小一車猶
不虛妄何以故是長者先作是意我以方便
令子得出以是因緣無虛妄也何況長者自
知則富無量欲饒益諸子等與大車 佛告舍
利弗善哉善哉如汝所言舍利弗如來亦復
如是則為一切世間之父於諸怖畏衰惱

蔽永盡無餘而悉成就無量知見
力無所畏有大神力及智慧力具足方便智
慧波羅蜜大慈大悲常無懈惓恒求善事利
益一切而生三界朽故火宅為度衆生生老
病死憂悲苦惱愚癡闇蔽三毒之火教化令
得阿耨多羅三藐三菩提見諸衆生為生老
病死憂悲苦惱之所燒煑亦以五欲財利故
受種種苦又以貪著追求故現受衆苦受
地獄畜生餓鬼之苦若生天上及在人間貧
窮困苦愛別離苦怨憎會苦如是等種種諸
苦衆生沒在其中歡喜遊戲不覺不知不驚
不怖亦不生猒不求解脫於此三界火宅東西
馳走雖遭大苦不以為患舍利弗見此已便
作是念我為衆生之父應拔其苦難與無

作是念我爲衆生之父應拔其苦難與無
量無邊佛智慧樂令其遊戲舍利弗如来
復作是念若我但以神力及智慧力捨於方
便爲諸衆生讚如来知見力無所畏者衆生
不能以是得度所以者何是諸衆生未免生
老病死憂悲苦惱而爲三界火宅所燒何由能
解佛之智慧舍利弗如彼長者雖復身手
有力而不用之但以慇懃方便免濟諸子火
宅之難然後各與珍寶大車如来亦復如是
雖有力無所畏而不用之但以智慧方便於
三界火宅拔濟衆生爲說三乘聲聞辟支佛
佛乘而作是言汝等莫得樂住三界火宅勿
貪麁弊色聲香味觸也若貪著生愛則爲所

燒汝速出三界當得三乘聲聞辟支佛佛乘
我今為汝保任此事終不虛也汝等但當懃脩
脩精進如来是方便誘進衆生復作是言汝等
汝等當知此三乘法皆是聖所稱嘆自在無繫
無所依求乘是三乘以無漏根力覺道禪
定解脫三昧等而自娛樂便得無量安隱快
樂舍利弗若有衆生內有智性從佛世尊聞
法信受慇懃精進欲速出三界自求涅槃是
名聲聞乘如彼諸子為求羊車出於火宅若
有衆生從佛世尊聞法信受慇懃精進求自
然慧樂獨善寂深知諸法因緣是名辟支佛
乘如彼諸子為求鹿車出於火宅若有衆生
從佛世尊聞法信受懃脩精進求一切智佛
智自然智無師智如来知見力無所畏愍念

從佛世尊聞法信受勤修精進求一切智佛
智自然智無師智如來知見力無所畏愍念
安樂無量衆生利益天人度脫一切是名大
乘菩薩求此乘故名為摩訶薩如彼諸子為
求牛車出於火宅舍利弗如彼長者見諸子
等安隱得出火宅到無畏處自惟財富無量
等以大車而賜諸子如來亦復如是為一切衆
生之父若見無量億千衆生以佛教門出
三界苦怖畏險道得涅槃樂如來尒時便作
是念我有無量無邊智慧力無畏等諸佛法
藏是諸衆生皆是我子等與大乘不令有人
獨得滅度皆以如來滅度而滅度之是諸衆
生脫三界者悉與諸佛禪定解脫等娛樂之
具皆是一相一種聖所稱歎能生淨妙第一

然後但與大車寶物莊嚴安隱第一然彼長
者無虛妄之咎如來亦復如是無有虛妄初
說三乘引導衆生然後但以大乘而度脫之
何以故如來有無量智慧力無所畏諸法之
藏能與一切衆生大乘之法但不盡能受舍
利弗以是因緣當知諸佛方便力故於一佛乘
分別說三佛欲重宣此義而說偈言
譬如長者　有一大宅　其宅久故　而復頓弊
堂舍高危　柱根摧朽　梁棟傾斜　基陛隤毀
牆壁圮坼　泥塗褫落　覆苫亂墜　椽梠差脫
周障屈曲　雜穢充遍　有五百人　止住其中
鵄梟鵰鷲　烏鵲鳩鴿　蚖蛇蝮蠍　蜈蚣蚰蜒

鵄梟鵰鷲　烏鵲鳩鴿　蚖蛇蝮蠍　蜈蚣蚰蜒
守宮百足　狖狸鼷鼠　諸惡虫輩　交橫馳走
屎尿臰處　不淨流溢　蜣蜋諸虫　而集其上
狐狼野干　咀嚼踐蹋　嚌齧死屍　骨肉狼藉
由是群狗　競來搏撮　飢羸慞惶　處處求食
鬪諍摣掣　嘊喍嘷吠　其舍恐怖　變狀如是
處處皆有　魑魅魍魎　夜叉惡鬼　食噉人肉
毒虫之屬　諸惡禽獸　孚乳產生　各自藏護
夜叉競來　争取食之　食之既飽　惡心轉熾
鬪争之聲　甚可怖畏　鳩槃荼鬼　蹲踞土埵
或時離地　一尺二尺　往反遊行　縱逸嬉戲
捉狗兩足　撲令失聲　以脚加頸　怖狗自樂
復有諸鬼　其身長大　裸形黑瘦　常住其中
發大惡聲　叫呼求食　復有諸鬼　其咽如針

頭髮蓬亂　殘害兇險　飢渴所逼　叫喚馳走
夜叉餓鬼　諸惡鳥獸　飢急四向　窺看窗牖
如是諸難　恐畏無量　是朽故宅　屬于一人
其人近出　未久之間　於後宅舍　忽然火起
四面一時　其焰俱熾　棟梁椽柱　爆聲震裂
摧折墮落　牆壁崩倒　諸鬼神等　揚聲大叫
鵰鷲諸鳥　鳩槃荼等　周章惶怖　不能自出
惡獸毒蟲　藏竄孔穴　毗舍闍鬼　亦住其中
薄福德故　為火所逼　共相殘害　飲血噉肉
野干之屬　並已前死　諸大惡獸　競來食噉
臭烟熢㶿　四面充塞　蜈蚣蚰蜒　毒蛇之類
為火所燒　爭走出穴　鳩槃荼鬼　隨取而食

為火所燒　爭走出穴　鳩槃荼鬼　隨取而食
又諸餓鬼　頭上火燃　飢渴熱惱　周章悶走
其宅如是　甚可怖畏　毒害火災　衆難非一
是時宅主　在門外立　聞有人言　汝諸子等
先因遊戲　來入此宅　稚小無知　歡娛樂著
長者聞已　驚入火宅　方宜救濟　令無燒害
告喻諸子　說衆患難　惡鬼毒虫　災火蔓莚
衆苦次第　相續不絕　毒蛇蚖蝮　及諸夜叉
鳩槃荼鬼　野干狐狗　鵰鷲鵄梟　百足之屬
飢渴惱急　甚可怖畏　此苦難處　況復大火
諸子無知　雖聞父誨　猶故樂著　嬉戲不已
是時長者　而作是念　諸子如此　益我愁惱
今此舍宅　無一可樂　而諸子等　耽湎嬉戲
不受我教　將為火害　即便思惟　設諸方便

告諸子等 我有種種 珍玩之具 妙寶好車
羊車鹿車 大牛之車 今在門外 汝等出來
吾為汝等 造作此車 隨意所樂 可以遊戲
諸子聞說 如此諸車 即時奔競 馳走而出
到於空地 離諸苦難 長者見子 得出火宅
住於四衢 坐師子座 而自慶言 我今快樂
此諸子等 生育甚難 愚小無知 而入險宅
多諸毒虫 魑魅可畏 大火猛焰 四面俱起
而此諸子 貪樂嬉戲 我已救之 令得脫難
是故諸人 我今快樂 尒時諸子 知父安坐
皆詣父所 而白父言 願賜我等 三種寶車
如前所許 諸子出來 當以三車 隨汝所欲
今正是時 唯垂給與 長者大富 庫藏眾多
金銀琉璃 硨磲碼碯 以眾寶物 造諸大車

今正是時　唯垂給與　長者大富　庫藏衆多
金銀琉璃　車𤦲馬瑙　以衆寶物　造諸大車
裝校嚴飾　周帀欄楯　四面懸鈴　金繩交絡
真珠羅網　張施其上　金華諸瓔　處處垂下
衆綵雜飾　周帀圍繞　柔軟繒纊　以為茵蓐
上妙細氎　價直千億　鮮白淨潔　以覆其上
有太白牛　肥壯多力　形體姝好　以駕寶車
多諸儐從　而侍衛之　以是妙車　等賜諸子
諸子是時　歡喜踊躍　乘是寶車　遊於四方
嬉戲快樂　自在無礙　告舍利弗　我亦如是
衆聖中尊　世間之父　一切衆生　皆是吾子
深著世樂　無有慧心　三界無安　猶如火宅
衆苦充滿　甚可怖畏　常有生老　病死憂患
如是等火　熾燃不息　如來已離　三界火宅

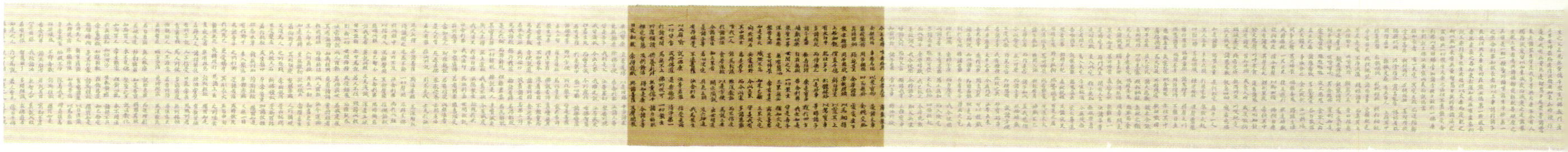

寂然閑居　安處林野　今此三界　皆是我有
其中衆生　悉是吾子　而今此處　多諸患難
唯我一人　能為救護　雖復教詔　而不信受
於諸欲染　食著深故　以是方便　為說三乘
令諸衆生　知三界苦　開示演說　出世間道
是諸子等　若心決定　具足三明　及六神通
有得緣覺　不退菩薩　汝舍利弗　我為衆生
以此譬喻　說一佛乘　汝等若能　信受是語
一切皆當　成得佛道　是乘微妙　清淨第一
於諸世間　為無不上　佛所悅可　一切衆生
所應稱讚　供養礼拜　無量億千　諸力解脫
禪定智慧　及供餘法　得如是乘　令諸子等
日夜劫數　常得遊戲　與諸菩薩　及聲聞衆

日夜劫數　常得遊戲　與諸菩薩　及聲聞衆
乘此寶乘　直至道場　以是因緣　十方諦求
更無餘乘　除佛方便　告舍利弗　汝諸人等
皆是吾子　我則是父　汝等累劫　衆苦所燒
我皆濟拔　令出三界　我雖先說　汝等滅度
但盡生死　而實不滅　今所應作　唯佛智慧
若有菩薩　於是衆中　能一心聽　諸佛實法
諸佛世尊　雖以方便　所化衆生　皆是菩薩
若人小智　深著愛欲　為此等故　說於苦諦
衆生心喜　得未曾有　佛說苦諦　真實無異
若有衆生　不知苦本　深著苦因　不能暫捨
為是等故　方便說道　諸苦所因　貪欲為本
若滅貪欲　無所依止　滅盡諸苦　名第三諦
為滅諦故　脩行於道　離諸苦縛　名得解脫

是人於何　而得解脫　但離虛妄　名為解脫
其實未得　一切解脫　佛說是人　未實滅度
斯人未得　無上道故　我意不欲　令至滅度
我為法王　於法自在　安隱眾生　故現於世
汝舍利弗　我此法印　為欲利益　世間故說
在所遊方　勿妄宣傳　若有聞者　隨喜頂受
當知是人　阿惟越致　若有信受　此經法者
是人已曾　見過去佛　恭敬供養　亦聞是法
若人有能　信汝所說　則為見我　亦見於汝
及比丘僧　并諸菩薩　斯法華經　為深智說
淺識聞之　迷惑不解　一切聲聞　及辟支佛
於此經中　力所不及　汝舍利弗　尚於此經
以信得入　況餘聲聞　其餘聲聞　信佛語故

以信得入　況餘聲聞　其餘聲聞　信佛語故
隨順此經　非己智分　又舍利弗　憍慢懈怠
計我見者　莫說此經　凡夫淺識　深著五欲
聞不能解　亦勿為說　若人不信　毀謗此經
則斷一切　世間佛種　或復顰蹙　而懷疑惑
汝當聽說　此人罪報　若佛在世　若滅度後
其有誹謗　如斯經典　見有讀誦　書持經者
輕賤憎嫉　而懷結恨　此人罪報　汝今復聽
其人命終　入阿鼻獄　具足一劫　劫盡更生
如是展轉　至無數劫　從地獄出　當墮畜生
若狗野干　其形頓瘦　黧黮疥癩　人所觸嬈
又復為人　之所惡賤　常困飢渴　骨肉枯竭
生受楚毒　死被瓦石　斷佛種故　受斯罪報
若作駱駝　或生驢中　身常負重　加諸杖捶

但念水草　餘無所知　謗斯經故　獲罪如是
有作野干　来入聚落　身體疥癩　又無一目
為諸童子　之所打擲　受諸苦痛　或時致死
於此死已　更受蟒身　其形長大　五百由旬
聾騃無足　宛轉腹行　為諸小虫　之所唼食
晝夜受苦　無有休息　謗斯經故　獲罪如是
若得為人　諸根闇鈍　矬陋攣躄　盲聾背傴
有所言說　人不信受　口氣常臭　鬼魅所著
貧窮下賤　為人所使　多病痟瘦　無所依怙
雖親附人　人不在意　若有所得　尋復忘失
若脩醫道　順方治病　更增他疾　或復致死
若自有病　無人救療　設服良藥　而復增劇
若他反逆　抄劫竊盜　如是等罪　橫羅其殃

若自有病　無人救療　設服良藥　而復增劇
若他反逆　抄劫竊盜　如是等罪　橫羅其殃
如斯罪人　永不見佛　衆聖之王　說法教化
如斯罪人　常生難處　狂聾心亂　永不聞法
於無數劫　如恒河沙　生輒聾瘂　諸根不具
常處地獄　如遊園觀　在餘惡道　如己舍宅
駝驢猪狗　是其行處　謗斯經故　獲罪如是
若得為人　聾盲瘖瘂　貧窮諸衰　以自莊嚴
水腫乾痟　疥癩癰疽　如是等病　以為衣服
身常臭處　垢穢不淨　深著我見　增益瞋恚
婬欲熾盛　不擇禽獸　謗斯經故　獲罪如是
告舍利弗　謗斯經者　若說其罪　窮劫不盡
以是因緣　我故語汝　無智人中　莫說此經
若有利根　智慧明了　多聞強識　求佛道者

如是之人 乃可爲說 若人曾見 億百千佛
殖諸善本 深心堅固 如是之人 乃可爲說
若人精進 常脩慈心 不惜身命 乃可爲說
若人恭敬 無有異心 離諸凡愚 獨處山澤
如是之人 乃可爲說 又舍利弗 若見有人
捨惡知識 親近善友 如是之人 乃可爲說
若見佛子 持戒清潔 如淨明珠 求大乘經
如是之人 乃可爲說 若人無瞋 質直柔軟
常愍一切 恭敬諸佛 如是之人 乃可爲說
復有佛子 於大衆中 以清淨心 種種因緣
譬喻言辭 說法無礙 如是之人 乃可爲說
若有比丘 爲一切智 四方求法 合掌頂受
但樂受持 大乘經典 乃至不受 餘經一偈
如是之人 乃可爲說 如人至心 求佛舍利

BD00128 妙法蓮華經卷二

如是之人　乃可為說　如人至心　求佛舍利
如是求經　得已頂受　其人不復　志求餘經
亦未曾念　外道典籍　如是之人　乃可為說
告舍利弗　我說是相　求佛道者　窮劫不盡
如是等人　則能信解　汝當為說　妙法華經

妙法蓮華經信解品第四

尒時慧命須菩提摩訶迦旃延摩訶迦葉摩
訶目揵連從佛所聞未曾有法世尊授舍利
弗阿耨多羅三藐三菩提記發希有心歡喜
踊躍即從座起整衣服偏袒右肩右膝着地
一心合掌曲躬恭敬瞻仰尊顏而白佛言我
等居僧之首年並朽邁自謂已得涅槃無所
堪任不復進求阿耨多羅三藐三菩提世尊

往昔說法既久我時在座身體疲懈但念空
無相無作於菩薩法遊戲神通淨佛國土成
就衆生心不喜樂所以者何世尊令我等出
於三界得涅槃證又今我等年已朽邁於佛
教化菩薩阿耨多羅三藐三菩提不生一念
好樂之心我等今於佛前聞授聲聞阿耨多
羅三藐三菩提記心甚歡喜得未曾有不謂
於今忽然得聞希有之法深自慶幸獲大善
利無量珍寶不求自得世尊我等今者樂說
譬喻以明斯義譬若有人年既幼稚捨父逃
逝久住他國或十二十至五十歲年既長大
加復窮困馳騁四方以求衣食漸漸遊行遇
向本國其父先來求子不得中止一城其家大
富財寶無量金銀琉璃珊瑚虎珀頗梨珠

BD00128　妙法蓮華經卷二

富財寶無量金銀琉璃珊瑚虎珀頗梨珠
等其諸倉庫悉皆盈溢多有僮僕臣佐吏民
象馬車乘牛羊無數出入息利乃遍他國商
估賈客亦甚衆多時貧窮子遊諸聚落經歷
國邑遂到其父所止之城父每念子與子離
別五十餘年而未曾向人說如此事但自思
惟心懷悔恨自念老朽多有財物金銀珍寶
倉庫盈溢無有子息一旦終沒財物散失無
所委付是以慇懃每憶其子復作是念我若
得子委付財物坦然快樂無復憂慮世尊
尒時窮子傭賃展轉遇到父舍住立門側遙
見其父踞師子床寶几承足諸婆羅門剎利居
士恭敬圍遶以真珠瓔珞價直千萬莊嚴

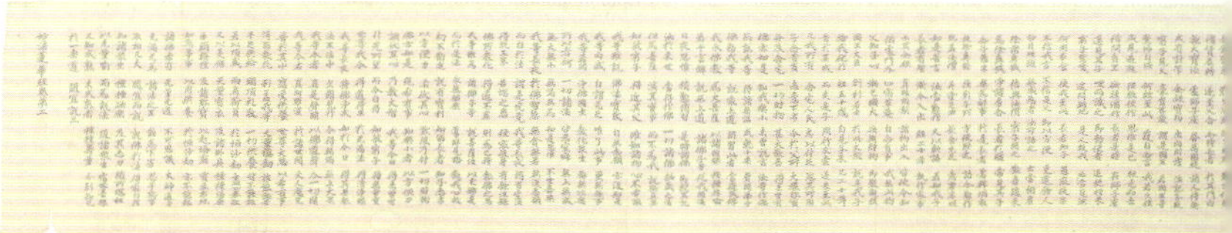

其身吏民僮僕手執白拂侍立左右覆以寶
帳垂諸華幡香水灑地散眾名華羅列寶物
出內取與有如是等種種嚴飾威德特尊窮
子見父有大力勢即懷恐怖悔來至此竊作
是念此或是王或是王等非我傭力得物之
處不如往至貧里肆力有地衣食易得若久
住此或見逼迫強使我作作是念已疾走而
去時富長者於師子座見子便識心大歡喜
即作是念我財物庫藏今有所付我常思念
此子無由見之而忽自來甚適我願我雖年
朽猶故貪惜即遣傍人急追將還爾時使者
疾走往捉窮子驚愕稱怨大喚我不相犯何
為見捉使者執之逾急強牽將還于時窮子
自念無罪而被囚執此必定死轉更惶怖悶

為見捉使者執之逾急強牽將還于時窮子
自念無罪而被囚執此必定死轉更惶怖悶
絶躃地父遥見之而語使言不須此人勿強
将来以冷水灑面令得醒悟莫復與語所以
者何父知其子志意下劣自知豪貴為子所
難審知是子而以方便不語他人云是我子
使者語之我今放汝隨意所趣窮子歡喜得
未曾有從地而起往至貧里以求衣食尒時
長者将欲誘引其子而設方便密遣二人形
色憔悴無威德者汝可詣彼徐語窮子此有
作處倍與汝直窮子若許将来使作若言欲
何所作便可語之雇汝除糞我等二人亦共
汝作時二使人即求窮子既已得之具陳上
事尒時窮子先取其價尋與除糞

瘦憔悴糞土塵坌汙穢不淨即脫瓔珞細軟
上服嚴飾之具更著麁弊垢膩之衣塵土坌
身右手執持除糞之器狀有所畏語諸作人
汝等懃作勿得懈息以方便故得近其子後
復告言咄男子汝常此作勿復餘去當加汝
價諸有所須瓫器米麵鹽酢之屬莫自疑難
亦有老弊使人須者相給好自安意我如汝
父勿復憂慮所以者何我年老大而汝少壯
汝常作時无有欺怠瞋恨怨言都不見汝有
此諸惡如餘作人自今已後如所生子即時
長者更與作字名之為兒尒時窮子雖欣此
遇猶故自謂客作則人由是之故於二十年
中常令除糞過是已後心相體信入出无難

BD00128　妙法蓮華經卷二

中常令除糞過是已後心相體信入出无難
然其所止猶在本處世尊尒時長者有疾自
知将死不久語窮子言我今多有金銀珎寶
倉庫盈溢其中多少所應取與汝悉知之我
心如是當體此意所以者何今我與汝便為
不異宜加用心无令漏失尒時窮子即受教
勅領知衆物金銀珎寶及諸庫藏而无希取
一飡之意然其所止故在本處下劣之心亦
未能捨復經少時父知子意漸以通泰成就
大志自鄙先心臨欲終時而命其子并會親
族國王大臣刹利居士皆悉已集即自宣言
諸君當知此是我子我之所生於某城中捨

某甲昔在本城懷憂推覓忽於此間遇會得
之此寶我子我寶其父今我所有一切財物
皆是子有先所出內是子所知世尊是時窮
子聞父此言即大歡喜得未曾有而作是念
我本无心有所希求今此寶藏自然而至世
尊大富長者則是如來我等皆似佛子如來
常說我等為子世尊我等以三苦故於生死
中受諸熱惱迷惑无知樂著小法今日世尊
令我等思惟蠲除諸法戲論之糞我等於中
勤加精進得至涅槃一日之價既得此已心大
歡喜自以為足便自謂言於佛法中勤精進
故所得弘多然世尊先知我等心著弊欲樂
於小法便見縱捨不為分別汝等當有如來
知見寶藏之分世尊以方便力說如來智慧

BD00128　妙法蓮華經卷二

知見寶藏之分世尊以方便力說如来智慧
我等從佛得涅槃一日之價以為大得於此
大乘无有志求我等又因如来智慧為諸菩
薩開示演說而自於此无有志願所以者何
佛知我等心樂小法以方便力隨我等說而
我等不知真是佛子今我等方知世尊於佛
智慧无所悋惜所以者何我等昔来真是佛
子而但樂小法若我等有樂大之心佛則為
我說大乘法於此經中唯說一乘而昔於菩
薩前毀呰聲聞樂小法者然佛實以大乘教
化是故我等說本無有心有所希求今法王
大寶自然而至如佛子所應得者皆已得之
尒時摩訶迦葉欲重宣此義而說偈言

佛說聲聞　當得作佛　無上寶聚　不求自得
譬如童子　幼稚無識　捨父逃逝　遠到他土
周流諸國　五十餘年　其父憂念　四方推求
求之既疲　頓止一城　造立舍宅　五欲自娛
其家巨富　多諸金銀　車𤦲馬瑙　真珠琉璃
象馬牛羊　輦輿車乘　田業僮僕　人民眾多
出入息利　乃遍他國　商估賈人　無處不有
千萬億眾　圍繞恭敬　常為王者　之所愛念
群臣豪族　皆共宗重　以諸緣故　往來者眾
豪富如是　有大力勢　而年朽邁　益憂念子
夙夜惟念　死時將至　癡子捨我　五十餘年
庫藏諸物　當如之何　爾時窮子　求索衣食
從邑至邑　從國至國　或有所得　或無所得

從邑至邑　從國至國　或有所得　或無所得
飢餓羸瘦　體生瘡癬　漸次經歷　到父住城
傭賃展轉　遂至父舍　尒時長者　於其門內
施大寶帳　處師子座　眷屬圍繞　諸人侍衛
或有計筭　金銀寶物　出內財產　注記券疏
窮子見父　豪貴尊嚴　謂是國王　若國王等
驚怖自恠　何故至此　覆自念言　我若久住
或見逼迫　強駈使作　思惟是已　馳走而去
借問貧里　欲往傭作　長者是時　在師子座
遙見其子　嘿而識之　即勑使者　追捉將來
窮子驚喚　迷悶躃地　是人執我　必當見殺
何用衣食　使我至此　長者知子　愚癡狹劣
不信我言　不信是父　即以方便　更遣餘人

眇目矬陋　無威德者　汝可語之　云當相雇
除諸糞穢　倍與汝價　窮子聞之　歡喜隨来
為除糞穢　淨諸房舍　長者於牖　常見其子
念子愚劣　樂為鄙事　於是長者　著弊垢衣
執除糞器　往到子所　方便附近　語令懃作
既益汝價　并塗足油　飲食充足　薦席厚暖
如是苦言　汝當懃作　又以軟語　若如我子
長者有智　漸令入出　經二十年　執作家事
示其金銀　真珠頗梨　諸物出入　皆使令知
猶處門外　止宿草菴　自念貧事　我無此物
父知子心　漸已曠大　欲與財物　即聚親族
國王大臣　剎利居士　於此大眾　說是我子
捨我他行　經五十歲　自見子来　已二十年
昔於某城　而失是子　周行求索　遂来至此

捨我他行　經五十歲　自見子來　已二十年
昔於其城　而失是子　周行求索　遂來至此
凡我所有　舍宅人民　悉以付之　恣其所用
子念昔貧　志意下劣　今於父所　大獲珍寶
并及舍宅　一切財物　甚大歡喜　得未曾有
佛亦如是　知我樂小　未曾說言　汝等作佛
而說我等　得諸無漏　成就小乘　聲聞弟子
佛勑我等　說最上道　脩習此者　當得成佛
我承佛教　為大菩薩　以諸因緣　種種譬喻
若干言辭　說無上道　諸佛子等　從我聞法
日夜思惟　精懃脩習　是時諸佛　即授其記
汝於來世　當得作佛　一切諸佛　秘藏之法
但為菩薩　演其實事　而不為我　說斯真要
如彼窮子　得近其父　雖知諸物　心不希取

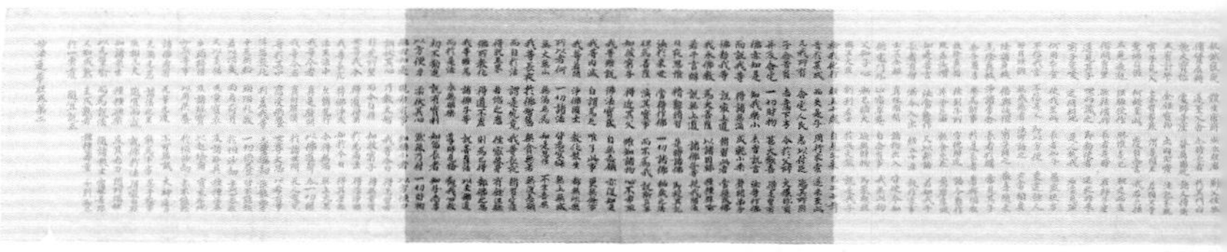

我等雖說　佛法寶藏　自無志願　亦復如是
我等内滅　自謂為足　唯了此事　更無餘事
我等若聞　淨佛國土　教化衆生　都無欣樂
所以者何　一切諸法　皆悉空寂　無生無滅
無大無小　無漏無為　如是思惟　不生喜樂
我等長夜　於佛智慧　無貪無著　無復志願
而自於法　謂是究竟　我等長夜　脩習空法
得脫三界　苦惱之患　住冣後身　有餘涅槃
佛所教化　得道不虛　則為已得　報佛之恩
我等雖為　諸佛子等　說菩薩法　以求佛道
而於是法　永無願樂　導師見捨　觀我心故
初不勸進　說有實利　如富長者　知子志劣
以方便力　柔伏其心　然後乃付　一切財物
佛亦如是　現希有事　知樂小者　以方便力

以方便力　柔伏其心　然後乃付　一切財物
佛亦如是　現希有事　知樂小者　以方便力
調伏其心　乃教大智　我等今日　得未曾有
非先所望　而今自得　如彼窮子　得無量寶
世尊我今　得道得果　於无漏法　得清淨眼
我等長夜　持佛淨戒　始於今日　得其果報
法王法中　久脩梵行　今得無漏　無上大果
我等今者　真是聲聞　以佛道聲　令一切聞
我等今者　真阿羅漢　於諸世間　天人魔梵
普於其中　應受供養　世尊大恩　以希有事
憐愍教化　利益我等　无量億劫　誰能報者
手足供給　頭頂礼敬　一切供養　皆不能報
若以頂戴　兩肩荷負　於恒沙劫　盡心恭敬
又以美膳　无量寶衣　及諸卧具　種種湯藥

牛頭栴檀 及諸珍寶 以起塔廟 寶衣布地
如斯等事 以用供養 於恒沙劫 亦不能報
諸佛希有 无量无邊 不可思議 大神通力
无漏无為 諸法之王 能為下劣 忍于斯事
取相凡夫 隨宜而說 諸佛於法 得最自在
知諸衆生 種種欲樂 及其志力 隨所堪任
以无量喻 而為說法 隨諸衆生 宿世善根
又知成熟 未成熟者 種種籌量 分別知已
於一乘道 隨宜說三

妙法蓮華經卷第二

BD00128　妙法蓮華經卷二

BD00128v　勘記

BD00129 金光明最勝王經卷八

（唐）義净 譯

200.9cm×28cm

大士若有男子女人能依如是呪及呪讃如前
所說受持法式歸敬三寶虔心正念於所求
事皆不唐捐兼復受持讀誦此金光明微妙
經典所願求者无不果遂速得成就除不至
心時婆羅門深心歡喜合掌頂受
尒時佛告辯才天女善哉善哉善女天汝能
流布是妙經王擁護所有受持經者及能利
益一切衆生令得安樂說如是法施与辯才
不可思議得福无量諸發心者速趣菩提
金光明最勝王經大吉祥天女品第十六
尒時大吉祥天女即從座起前礼佛足合掌
恭敬白佛言世尊我若見有苾芻苾芻尼鄔
波索迦鄔波斯迦受持讀誦為人解說是金
光明最勝王經者我當專心恭敬供養此等
法師所謂飲食衣服卧具醫藥及餘一切所

經王所有句義觀察思量安樂而住令此經
典於贍部洲廣行流布為彼有情已於无量
百千佛所種善根者常使得聞不速隱沒復
於无量百千億劫當受人天種種勝樂常得
豐稔永除飢饉一切有情恒受安樂亦得值
遇諸佛世尊於未來世速證无上大菩提果
永絕三塗輪迴苦難世尊我念過去有瑠璃
金山寶花光照吉祥功德海如來應正等覺
十号具足我於彼所種諸善根由彼如來慈
悲愍念威神力故令我今日隨所念處隨所
視方隨所至國能令无量百千萬億衆生受
諸快樂乃至所須衣服飲食資生之具金銀
瑠璃車渠馬瑙珊瑚虎魄真珠等寶悉令充
足若復有人至心讀誦是金光明最勝王經
名當日日燒衆名香及諸妙花為我共養并設

BD00129　金光明最勝王經卷八

是若復有人至心讀誦是金光明最勝王經名當日日燒衆名香及諸妙花爲我供養彼瑠璃金山寶花光照吉祥功德海如來應正等覺復當每日於三時中稱念我名別以香花及諸美食供養於我亦常聽受此妙經王得如是福而說頌曰

由能如是持經故　自身眷屬離諸衰
所須衣食无乏時　威光壽命難窮盡
能使地味常增長　諸天降雨隨時節
令彼天衆咸歡悅　及以薗林穀果神
叢林果樹並滋榮　所有苗稼咸成就
欲求珍財皆滿願　隨所念者遂其心

佛告大吉祥天女善哉善哉汝能如是憶念昔因報恩供養利益安樂無邊衆生流布

金光明最勝王經大吉祥天女增長財物品第十七

尒時大吉祥天女復白佛言世尊北方薜室
羅末拏天王城名有財去城不遠有園名曰
妙花福光中有勝殿七寶所成世尊我常住彼
若復有人欲求五穀日日增多倉庫盈溢者
應當發起敬信之心淨治一室瞿摩塗地應
畫我像種種瓔珞周帀莊嚴當洗浴身著
淨衣服塗以名香入淨室內發心為我每日
三時稱彼佛名及此經名号而申礼敬南謨
瑠璃金山寶花光照吉祥功德海如來持諸香
花及以種種甘美飲食至心奉獻亦以香花及
諸飲食供養我像復持飲食散擲餘方施
諸神等實言邀請大吉祥天發所求願若
如所言是不虛者於我所請勿令空尒于時
吉祥天女知是事已便生愍念令其宅中財

BD00129　金光明最勝王經卷八

如是吉是不虛者於我所請勿令空尔時
吉祥天女知是事已便生憐念令其宅中財
穀增長即當誦呪請召於我先稱佛名及菩
薩名字一心敬礼
南謨一切十方三世諸佛　南謨寶髻佛
南謨无垢光明寶幢佛　南謨金幢光佛
南謨百金光藏佛　南謨金蓋寶積佛
南謨金花光幢佛　南謨大燈光佛
南謨大寶幢佛　南謨東方不動佛
南謨南方寶幢佛　南謨西方无量壽佛
南謨北方天鼓音佛　南謨妙幢菩薩
南謨金光菩薩　南謨金藏菩薩
南謨常啼菩薩　南謨法上菩薩
南謨善安菩薩
敬礼如是佛菩薩已次當誦呪請召我大吉
[illegible]

呪曰
南謨室唎莫訶天女　怛姪他
鉢唎脯唎拏折曬　三曼頞
達喇設泥（去）（下）　莫訶毗訶羅揭帝
三曼哆毗曇末泥　莫訶迦里世
鉢喇底瑟侘鉢泥　薩婆頞他娑彈泥
蘇鉢喇底脯曬　痾耶娜達摩多
莫訶毗俱比帝　莫訶迷咄嚕
鄔波僧呬羝　莫訶頡唎使
蘇僧近（入）里呬羝　三曼多頞他
阿奴波剌泥　莎訶
世尊若人誦持如是神呪請召我時我聞請
已即至其所令願得遂世尊是灌頂法句定
成就句真實之句无虛誑句是平等行於諸
衆生是正善根若有受持讀誦呪者應七日

[illegible]
衆生是亞善根若有受持讀誦呪者應七日
七夜受八支戒於晨朝時先嚼齒木淨澡
漱已及於晡後香花供養一切諸佛自陳其
罪當爲己身及諸含識迴向發願令所希求速
得成就淨治一室或在空閑阿蘭若處瞿摩
爲壇燒旃檀香而爲供養置一勝座幡蓋莊
嚴以諸名花布列壇内應當至心誦持前呪
希望我至我於介時即便護念觀察是人來
入其室就座而坐受其供養從是以後當令
彼人於睡夢中得見於我隨所求事以實告
知若衆落空澤及僧住處隨所求者皆令圓
滿金銀財寶牛羊穀麦飲食衣服皆得隨心
受諸快樂既得如是勝妙果報當以上分供
養三寶及施於我廣修法會設諸飲食布列
[illegible]

養常當繫念住於此處是人令無窮乏
隨所希求悉皆稱意亦當時時給濟貧乏不
應慳惜獨為己身常讀是經供養不絕當以
此福普施一切迴向菩提願出生死速得解脫
尒時世尊讚言善哉吉祥天女汝能如是
流布此經不可思議自他俱益

金光明最勝王經堅牢地神品第十八

尒時堅牢地神即於衆中從座而起合掌恭
敬而白佛言世尊是金光明最勝王經若現
在世若未來世若在城邑聚落王宮樓觀及
阿蘭若山澤空林有此經王流布之處世尊
我當往詣其所供養恭敬擁護流通若有方
處為說法師敷置高座演說經者我以神力
不現本身在於座所頂戴其足我得聞法深
心歡喜得飡法味增益威光慶悅無量自身
既得如是利益亦令大地深十六万八千踰繕

既得如是利益亦令大地深十万六八千踰繕
那至金剛輪際令其地味悉皆增益乃至四
海所有土地亦使肥濃田疇沃壤倍勝常日忽
復令此贍部洲中江河池沼所有諸樹藥草
叢林種種花果根莖枝葉及諸苗稼形相
可愛衆所樂觀色香具足皆堪受用若諸有
情受用如是勝飲食已長命色力諸根安隱
增益光輝无諸痛惱心慧勇健无不堪能又
此大地凡有所須百千事業悉皆周備世尊
以是因緣諸贍部洲安隱豐樂人民熾盛无
諸衰惱所有衆生皆受安樂既受如是身

BD00130 藥師琉璃光如來本願功德經

（唐）玄奘 譯

303.2cm × 25.6cm

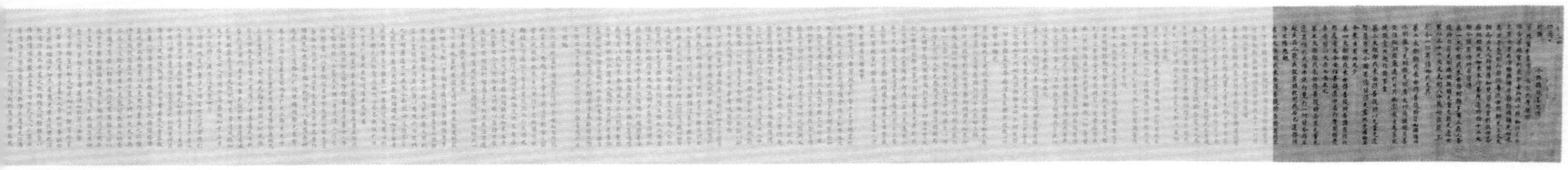

殊室利
功德〻
時諸　　　　今諦聽極善思惟
曼殊室利言唯然願說我等樂聞
佛告曼殊室利東方去此過十殑伽沙等佛
土有世界名淨瑠璃佛号藥師瑠璃光如來
應正等覺明行圓滿善逝世間解无上丈夫
調御士天人師佛薄伽梵曼殊室利彼世尊
藥師瑠璃光如來本行菩薩道時發十二大
願令諸有情所求皆得
第一大願願我來世得阿耨多羅三藐三菩
提時自身光明熾然照曜无量无數无邊世
界以三十二大丈夫相八十隨好莊嚴其
身令一切有情如我无異

第二大願願我來世得菩提時身如琉璃內
外明徹淨无瑕穢光明廣大功德巍巍身善
安住焰網莊嚴過於日月幽冥衆生悉蒙開
曉隨意所趣作諸事業
第三大願願我來世得菩提時以无量无邊
智慧方便令諸有情皆得无盡所受用物莫
令衆生有所乏少
第四大願願我來世得菩提時若諸有情行
邪道者悉令安住菩提道中若行聲聞獨覺
乘者皆以大乘而安立之
第五大願願我來世得菩提時若有无量无
邊有情於我法中脩行梵行一切皆令得不
缺戒具三聚戒設有毀犯聞我名已還得清
淨不墮惡趣
第六大願願我來世得菩提時若諸有情其

淨不墮惡趣
第六大願願我來世得菩提時若諸有情其
身下劣諸根不具醜陋頑愚盲聾瘖瘂攣躄
背僂白癩癲狂種種病苦聞我名已一切皆
得端政黠慧諸根完具无諸疾苦
第七大願願我來世得菩提時若諸有情衆
病逼切无救无歸无醫无藥无親无家貧窮
多苦我之名号一經其耳衆病悉除身心安
樂家屬資具悉皆豐足乃至證得无上菩提
第八大願願我來世得菩提時若有女人為
女百惡之所逼惱極生厭離願捨女身聞我
名已一切皆得轉女成男具丈夫相乃至證
得无上菩提
第九大願願我來世得菩提時令諸有情出
魔羂網解脫一切外道纏縛若墮種種惡見

稠林皆當引攝置於正見漸令修習諸菩薩
行速證无上正等菩提
第十大願願我來世得菩提時若諸有情王
法所縄縛録鞭撻繫閉牢獄或當刑戮及餘
无量災難淩辱悲愁煎迫身心受苦若聞我
名以我福德威神力故皆得解脫一切憂苦
第十一大願願我來世得菩提時若諸有情
飢渴所惱為求食故造諸惡業得聞我名專
念受持我當先以上妙飲食飽足其身後以
法味畢竟安樂而建立之
第十二大願願我來世得菩提時若諸有情
貧无衣服蚊虻寒熱晝夜逼惱若聞我名專
念受持如其所好即得種種上妙衣服亦得
一切寶莊嚴具華鬘塗香鼓樂衆伎隨心所
翫皆令滿足

一切寶莊嚴具華鬘塗香鼓樂衆伎隨心所
翫皆令滿足
曼殊室利是為彼世尊藥師瑠璃光如來應
正等覺行菩薩道時所發十二微妙上願
復次曼殊室利彼世尊藥師瑠璃光如來行
菩薩道時所發大願及彼佛土功德莊嚴我
若一劫若一劫餘說不能盡然彼佛土一向
清淨无有女人亦无惡趣及苦音聲瑠璃為
地金繩界道城闕宮閣軒窓羅網皆七寶成
亦如西方極樂世界功德莊嚴等无差別於
其國中有二菩薩摩訶薩一名日光遍照二
名月光遍照是彼无量无數菩薩衆之上首
悉能持彼世尊藥師瑠璃光如來正法寶藏
是故曼殊室利諸有信心善男子善女人等
應當願生彼佛世界

尒時世尊復告曼殊室利
有諸衆生不識善悪唯懷貪悋不知布施及
施果報愚癡无智闕於信根多聚財寶勤加
守護見乞者来其心不喜設不獲已而行施
時如割身肉深生痛惜復有无量慳貪有情
積集資財於其自身尚不受用何况能與父
母妻子奴婢作使及来乞者彼諸有情從此
命終生餓鬼界或傍生趣由昔人間曽得蹔
聞藥師瑠璃光如来名故今在悪趣蹔得憶
念彼如来名即於念時從彼處没還生人中
得宿命念畏悪趣苦不樂欲樂好行恵施讃
歎施者一切所有悉无貪惜漸次尚能以頭
目手足血肉身分施来求者况餘財物
復次曼殊室利若諸有情雖於如来受諸學
處而破尸羅有雖不破尸羅而破軌則有於

復次曼殊室利若諸有情雖於如來受諸學
處而破尸羅有雖不破尸羅而破軌則有於
尸羅軌則雖得不壞然毀正見有雖不毀正
見而棄多聞於佛所說契經深義不能解了
有雖多聞而增上慢由增上慢覆蔽心故自
是非他嫌謗正法為魔伴黨如是愚人自行
邪見復令无量俱胝有情墮大險坑此諸有
情應於地獄傍生鬼趣流轉无窮若得聞此
藥師瑠璃光如來名号便捨惡行脩諸善法
不墮惡趣設有不能捨諸惡行脩行善法墮
惡趣者以彼如來本願威力令其現前暫聞
名号從彼命終還生人趣得正見精進善調
意樂便能捨家趣於非家如來法中受持學
處无有毀犯正見多聞解甚深義離增上慢
不謗正法不為魔伴漸次脩行諸菩薩行

得圓滿

復次曼殊室利若諸有情慳貪嫉妬自讚毀
他當墮三惡趣中无量千歲受諸劇苦受劇
苦已從彼命終來生人間作牛馬駝驢恒被
鞭撻飢渴逼惱又常負重隨路而行或得為
人生居下賤作人奴婢受他驅役恒不自在
若昔人中曾聞世尊藥師瑠璃光如來名号
由此善因今復憶念至心歸依以佛神力衆
苦解脫諸根聰利智慧多聞恒求勝法常遇
善友永斷魔羂破无明鷇竭煩惱河解脫一
切生老病死憂悲苦惱

復次曼殊室利若諸有情好憙乖離更相鬪
訟惱亂自他以身語意造作增長種種惡業
展轉常為不饒益事互相謀害告召山林樹
冢等神殺諸衆生取其血肉祭祀藥叉羅刹

展轉常爲不饒益事互相謀害告召山林樹
塜等神殺諸衆生取其血肉祭祀藥叉羅刹
娑等書怨人名作其形像以惡呪術而呪咀
之厭媚蠱道呪起屍鬼令斷彼命及壞其身
是諸有情若得聞此藥師瑠璃光如来名号
彼諸惡事悉不能害一切展轉皆起慈心利
益安樂无損惱意及嫌恨心各各歡悅於自
所受生於喜足不相侵淩互爲饒益
復次曼殊室利若有四衆苾芻苾芻尼鄔波
索迦鄔波斯迦及餘淨信善男子善女人等
有能受持八分齋戒或經一年或復三月受
持學處以此善根願生西方極樂世界无量
壽佛所聽聞正法而未定者若聞世尊藥師
瑠璃光如来名号臨命終時有八菩薩乘神
通来示其道路即於彼界種種雜色衆寶

華中自然化生或有因此生於天上雖生天中
而本善根亦未窮盡不復更生諸餘惡趣天
上壽盡還生人間或為輪王統攝四洲威德
自在安立无量百千有情於十善道或生剎
帝利婆羅門居士大家多饒財寶倉庫盈溢
形相端嚴眷屬具足聰明智慧勇健威猛如
大力士若是女人得聞世尊藥師如來名号
至心受持於後不復更受女身
尒時曼殊室利童子白佛言世尊我當誓於
像法轉時以種種方便令諸淨信善男子善女
人等得聞世尊藥師瑠璃光如來名号乃至睡
中亦以佛名覺悟其耳世尊若於此經受持讀
誦或復為他演說開示若自書若教人書恭敬
尊重以種種華香塗香抹香燒香花鬘瓔珞幡
蓋伎樂而為供養以五色綵作囊盛之掃灑

尊重以種華香塗香糅香燒香花鬘瓔珞幡
蓋伎樂而為供養以五色綵作囊盛之掃灑
淨處敷設高座而用安處尒時四大天王與
其眷屬及餘无量百千天衆皆詣其所供養
守護世尊若此經寶流行之處有能受持以
彼世尊藥師瑠璃光如来本願功德及聞名
号當知是處无復横死亦復不為諸惡鬼神
奪其精氣設已奪者還得如故身心安樂
佛告曼殊室利如是如是如汝所說曼殊室
利若有淨信善男子善女人等欲供養彼世
尊藥師瑠璃光如来者應先造立彼佛形像
敷清淨座而安處之散種種花燒種種香以
種種幢幡莊嚴其處七日七夜受八分齋戒
食清淨食澡浴香潔著新淨衣應生无垢濁
心无恚害心於一切有情起利益安樂慈悲

書[illegible][illegible]等之心鼓樂歌讚右遶佛像復應念
彼如来本願功德讀誦此經思惟其義演說
開示隨所樂願一切皆遂求長壽得長壽求富
饒得富饒求官位得官位求男女得男女若
復有人忽得惡夢見諸惡相或怪鳥来集或
於住處百怪出現此人若以眾妙資具恭敬
供養彼世尊藥師瑠璃光如来者惡夢惡相
諸不吉祥皆悉隱沒不能為患或有水火刀
毒懸嶮惡象師子虎狼熊羆毒蛇惡蠍蜈蚣
蚰蜒蚊虻等怖若能至心憶念彼佛恭敬供
養一切怖畏皆得解脫若他國侵擾盜賊反
亂憶念恭敬彼如来者亦皆解脫
復次曼殊室利若有淨信善男子善女人等
乃至盡形不事餘天唯當一心歸佛法僧受
持禁戒若五戒十戒菩薩四百戒苾芻二百

乃至盡形不事餘天唯當一心歸佛法僧受
持禁戒若五戒十戒菩薩四百戒苾芻二百
五十戒苾芻尼五百戒於所受中或有毀犯
怖墮惡趣若能專念彼佛名号恭敬供養者
必定不受三惡趣生或有女人臨當產時受
於極苦若能至心稱名礼讚恭敬供養彼如
來者衆苦皆除所生之子身分具足形色端
正見者歡喜利根聰明安隱少病无有非人
奪其精氣
尒時世尊告阿難言如我稱揚彼佛世尊藥
師瑠璃光如來所有功德此是諸佛甚深行
處難可解了汝為信不阿難白佛大德世尊
我於如來所說契經不生疑惑所以者何一
切如來身語意業无不清淨世尊此日月輪
可令墮落妙高山王可使傾動諸佛所言无

BD00131 維摩詰所說經卷中

（後秦）鳩摩羅什 譯

432.5cm × 25.5cm

來求女人相了不可得當何所轉辟如幻師
化作幻女若有人問何以不轉女身是人爲
正問不舍利弗言不也幻无定相當何所轉
天曰一切諸法亦復如是无有定相云何乃問
不轉女身即時天女以神通力變舍利弗令
如天女天自化身如舍利弗而問言何以不轉
女身舍利弗以天女像而荅言我今不知何
轉而變爲女身天曰舍利弗若能轉此女身
則一切女人亦當能轉如舍利弗非女而
現女身一切女人亦復如是雖現女身而非女
也是故佛說一切諸法非男非女即時天女還
攝神力舍利弗身還復如故天問舍利弗女
身色相今何所在舍利弗言女身色相无

不在夫无在无不在者佛所說也舍利弗
問天汝於此沒當生何所天曰佛化所生吾
如彼生曰佛化所生非沒生也天曰衆生猶
然无沒生也舍利弗問天汝久如當得阿耨多
羅三藐三菩提天曰如舍利弗還爲凡夫
我乃當成阿耨多羅三藐三菩提舍利弗
言我作凡夫无有是處天曰我得阿耨多
羅三藐三菩提亦无是處所以者何菩提无
住處是故无有得者舍利弗言今諸佛得阿
耨多羅三藐三菩提已得當得如恒河
沙皆謂何乎天曰皆以世俗文字數故說有
三世非謂菩提有去來今天曰舍利弗汝得
阿羅漢道耶曰无所得故而得天曰諸佛菩

BD00131　維摩詰所說經卷中

阿羅漢道耶曰无所得故而得天曰諸佛菩
薩亦復如是无有得故而得尒時維摩詰語
舍利弗是天女曾已供養九十二億佛已能
遊戲菩薩神通所願具足得无生忍住不退
轉以本願故隨意能現教化衆生

佛道品第八

尒時文殊師利問維摩詰言菩薩云何通達
佛道維摩詰言若菩薩行於非道是為通
達佛道又問云何菩薩行於非道荅曰若菩
薩行五无間而无惱恚至于地獄无諸罪垢
至于畜生无有无明憍慢等過至于餓鬼而
具足功德行色无色界道不以為勝示行貪欲
離諸染著示行瞋恚於諸衆生无有恚閡示
行愚癡而以智慧調伏其心示行慳貪而捨

內外所有不惜身命亦行毀禁而安住淨戒乃
至小罪猶懷大懼亦行瞋恚而常慈忍亦行
懈怠而勤脩功德亦行亂意而常念定亦行
愚癡而通達世間出世間慧亦行諂偽而善
方便隨諸經義亦行憍慢而於衆生猶如橋
梁亦行諸煩惱而心常清淨亦入於魔而順佛
智慧不隨他教亦入聲聞而爲衆生說未聞
法亦入辟支佛而成就大悲教化衆生亦入貧
窮而有寶手功德无盡亦入形殘而具諸相
好以自莊嚴亦入下賤而生佛種性中具諸
功德亦入羸劣醜陋而得那羅延身一切衆
生之所樂見亦入老病而永斷病根超越死
畏亦有資生而恒觀无常實无所貪亦有
妻妾婇女而常遠離五欲淤泥現於訥鈍而

BD00131　維摩詰所説經卷中

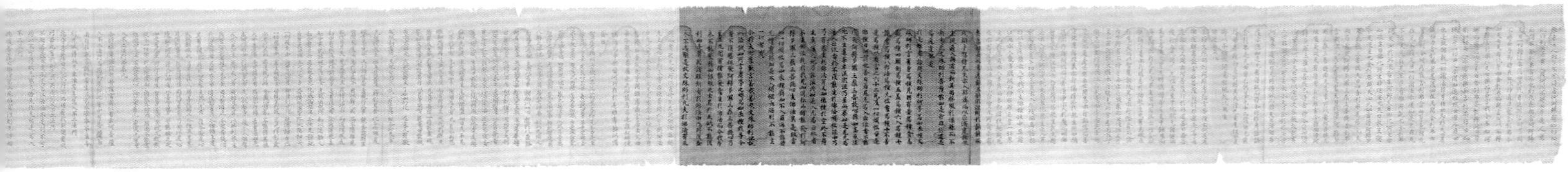

妻妾婇女而常遠離五欲淤泥現於訥鈍而
成辯才惣持无失示入耶濟而以正濟度諸衆
生現遍入諸道而斷其因緣現於涅槃而不
斷生死文殊師利菩薩能如是行非道是
爲通達佛道
於是維摩詰問文殊師利何等爲如來種文
殊師利言有身爲種无明有愛爲種貪恚
癡爲種四顛倒爲種五蓋爲種六入爲種七
識處爲種八邪法爲種九惱處爲種十不善
道爲種以要言之六十二見及一切煩惱皆是
佛種曰何謂也荅曰若見无爲入正位者不能
復發阿耨多羅三藐三菩提心譬如高原陸
地不生蓮華卑濕淤泥乃至此華如是見无爲

生糞壤之地乃能滋茂如是入无為正位者
不生佛法起於我見如須弥山猶能發於阿
耨多羅三藐三菩提心生佛法矣是故當
知一切煩惱為如来種譬如不入巨海不能得
无價寶珠如是不入煩惱大海則不能生
一切智寶
尒時大迦葉歎言善哉善哉文殊師利快說
此語誠如所言塵勞之疇為如来種我等今
者不復堪任發阿耨多羅三藐三菩提心乃
至五无間罪猶能發意生於佛法而今我等
永不能發譬如根敗之士其於五欲不能復
利如是聲聞諸結斷者於佛法中无所復益
永不志願是故文殊師利凡夫於佛法有反

BD00131　維摩詰所說經卷中

永不志願是故文殊師利凡夫於佛法有反
復而聲聞无也所以者何凡夫聞佛法能起
无上道心不斷三寶正使聲聞終身聞佛法
力无畏等永不能發无上道意尒時會中有
菩薩名普現色身問維摩詰言居士父母
妻子親戚眷屬吏民知識悉爲是誰奴婢僮
僕象馬車乘皆何所在於是維摩詰以偈
荅曰
智度菩薩母 方便以爲父 一切衆導師 无不由是生
法喜以爲妻 慈悲心爲女 善心誠實男 畢竟空寂舍
弟子衆塵勞 隨意之所轉 道品善知識 由是成正覺
諸度法等侶 四攝衆伎女 歌詠誦法言 以此爲音樂
總持之園苑 无漏法林樹 覺意淨妙華 解脫智慧菓

八解之浴池 定水湛然滿 布以七淨華 浴此无垢人
象馬五通馳 大乘以爲車 調御以一心 遊於八正路
相具以嚴容 衆好飾其姿 慚愧之上服 深心爲華鬘
富有七財寶 教授以滋息 如所說脩行 迴向爲大利
四禪爲牀座 從於淨命生 多聞增智慧 以爲自覺音
甘露法之食 解脫味爲漿 淨心以澡浴 戒品爲塗香
摧滅煩惱賊 勇健无能踰 降伏四種魔 勝幡建道場
雖知无起滅 示彼故有生 悉現諸國土 如日无不見
供養於十方 无量億如來 諸佛及己身 无有分別想
雖知諸佛國 及與衆生空 而常脩淨土 教化於群生
諸有衆生類 形聲及威儀 无畏力菩薩 一時能盡現
覺知衆魔事 而示隨其行 以善方便智 隨意皆能現
或示老病死 成就諸群生 了知如幻化 通達无有礙

或示老病死　成就諸群生　了知如幻化　通達无有礙
或現劫盡燒　天地皆洞然　衆人有常想　照令知无常
无數億衆生　俱來請菩薩　一時到其舍　化令向佛道
經書禁呪術　工巧諸伎藝　盡現行此事　饒益諸群生
世間衆道法　悉於中出家　因以解人惑　而不墮邪見
或作日月天　梵王世界主　或時作地水　而復作風火
劫中有疾疫　現作諸藥草　若有服之者　除病消衆毒
劫中有飢饉　現身作飲食　先救彼飢渴　却以法語人
劫中有刀兵　爲之起慈悲　化彼諸衆生　令住无諍地
若有大戰陣　立之以等力　菩薩現威勢　降伏使和安
一切國土中　諸有地獄處　輙往到于地　勉濟諸苦惱
一切國土中　畜生相噉食　皆現生於彼　爲之作利益
示受於五欲　亦復現行禪　令魔心憒亂　不能得其便

火中生蓮華　是可謂希有　在欲而行禪　希有亦如是

或現作婬女　引諸好色者　先以欲鈎牽　後令入佛智

或為邑中主　或作商人導　國師及大臣　以祐利衆生

諸有貧窮者　現為无盡藏　因以勸導之　令發菩提心

我心憍慢者　為現大力事　消伏諸貢高　令住佛上道

其有恐懼衆　居前而安慰　先施以无畏　後令發道心

或現離婬欲　為五通仙人　開導諸群生　令住戒忍慈

見須供事者　現為作僮僕　既悅可其意　乃發以道心

隨彼之所須　得入於佛道　以善方便力　皆能給足之

如是道无量　所行无有崖　智慧无邊際　度脫无數衆

假令一切佛　於无數億劫　讚歎其功德　猶尚不能盡

誰聞如是法　不發菩提心　除彼不肖人　癡冥无智者

入不二法門品第九

尒時維摩詰謂衆菩薩言諸仁者云何菩薩

入不二法門品第九

尒時維摩詰謂衆菩薩言諸仁者云何菩薩
入不二法門各隨所樂說之會中有菩薩名
法自在說言諸仁者生滅為二法本不生今
則无滅得此无生法忍是為入不二法門
德守菩薩曰我我所為二因有我故便有我
所若无有我則无我所是為入不二法門
不眴菩薩曰受不受為二若法不受則不可
得以不可得故无取无捨无作无相是為入
不二法門
德頂菩薩曰垢淨為二見垢實性則无淨相
順於滅相是為入不二法門
善宿菩薩曰是動是念為二不動則无念无
念則无分別通達此者是為入不二法門

善眼菩薩曰一相无相爲二若知一相即是无
相亦不取无相入於平等是爲入不二法門
妙臂菩薩曰菩薩心聲聞心爲二觀心相空
如幻化者无菩薩心无聲聞心是爲入不二
法門
弗沙菩薩曰善不善爲二若不起善不善
入无相際而通達者是爲入不二法門
師子菩薩曰罪福爲二若達罪性則與福
无異以金剛慧決了此相无縛无解者是
爲入不二法門
淨解菩薩曰有爲无爲爲二若離一切數則
心如虛空以清淨慧无所礙者是爲入不二法
門
那羅延菩薩曰世間出世間爲二世間性空

那羅延菩薩曰世間出世間爲二世間性空
即是出世間於其中不入不出不溢不散是
爲入不二法門
善意菩薩曰生死涅槃爲二若見生死性則
无生死无縛无解不然不滅如是解者是爲
入不二法門
現見菩薩曰盡不盡爲二法若究竟盡若
盡皆是无盡想无盡想即是空空則无有
盡不盡相如是入者是爲入不二法門
普守菩薩曰我无我爲二我尚不可得非我
何可得見我實性者不復起二是爲入不二
法門
電天菩薩曰明无明爲二无明實性即是明

明亦不可取離一切數於其中平等无二者
是為入不二法門
喜見菩薩曰色色空為二色即是空非色滅
空色性自空如是受想行識識空為二識即
是空非識滅空識性自空於其中而通達者
是為入不二法門
明相菩薩曰四種異空種異為二四種性即
是空種性如前際後際空故中際亦空若
能如是知諸種性者是為入不二法門
妙意菩薩曰眼色為二若知眼性於色不貪
不恚不癡是名寂滅如是耳聲鼻香舌味
身觸意法為二若知意性於法不貪不恚
不癡是名寂滅安住其中是為入不二法門
无盡意菩薩曰布施迴向一切智為二布施性
即是迴向一切智性如是持戒忍辱精進禪定

BD00131　維摩詰所説經卷中

无盡意菩薩曰布施迴向一切智爲二布施性
即是迴向一切智性如是持戒忍辱精進禪定
智慧迴向一切智爲二智慧性即是迴向一切智
性於其中入一相者是爲入不二法門
深慧菩薩曰是空是无相是无作爲二空即
无相无相即无作若空无相无作則无心意
識於一解脫門即是三解脫門者是爲入
不二法門
寂根菩薩曰佛法衆爲二佛即是法法即是
衆是三寶皆无爲想與虛空等一切亦令能
隨此行者是爲入不二法門
心无礙菩薩曰身身滅爲二身即是身滅所
以者何見身實相者不起見身及以滅身身
與滅身无二无分別於其中不驚不懼者是

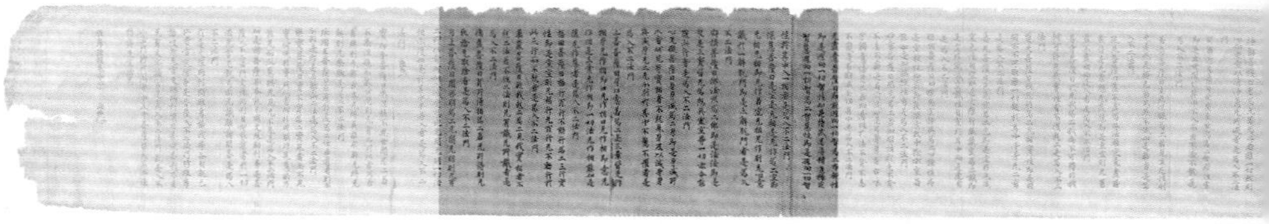

為入不二法門
上善菩薩曰身口意善為二是三業皆无作
相身无作相即口无作相口无作相即意无
作相是三業无作相即一切法无作相能如是
隨无作慧者是為入不二法門
福田菩薩曰福行罪行不動行為二三行實
性即是空空則无福行无罪行无不動行於
此三行而不起者是為入不二法門
華嚴菩薩曰從我起二為二見我實相者不
起二法若不住二法則无有識无所識者是
為入不二法門
德藏菩薩曰有所得相為二若无所得則无
取捨无取捨者是為入不二法門
月上菩薩曰闇與明為二无闇无明則无有

[illegible]
月上菩薩曰闇與明爲二无闇无明則无有
二所以者何如入滅受想定无闇无明一切法
相亦復如是於其中平等入者是爲入不二
法門　表慧
寶印手菩薩曰樂涅槃不樂世間爲二若
不樂涅槃不猒世間則无有二所以者何若
有縛則有解若本无縛其誰求解无縛无
解則无樂猒是爲入不二法門
珠頂王菩薩曰正道邪道爲二住正道者則不
分別是邪是正離此二法是爲入不二法門
樂實菩薩曰實不實爲二實見者尚不見
實何況非實所以者何非肉眼所見慧眼乃
能見而此慧眼无見无不見是爲入不二法門

薩入不二法門文殊師利曰如我意者於一切
法无言无說无示无識離諸問荅是爲入
不二法門
於是文殊師利問維摩詰我等各自說已
仁者當說何等是菩薩入不二法門時維摩
詰嘿然无言文殊師利歎曰善哉善哉乃至
无有文字語言是真入不二法門說是入不
二法門時於此衆中五千菩薩皆入不二法
門得无生法忍

維摩詰經卷中二十

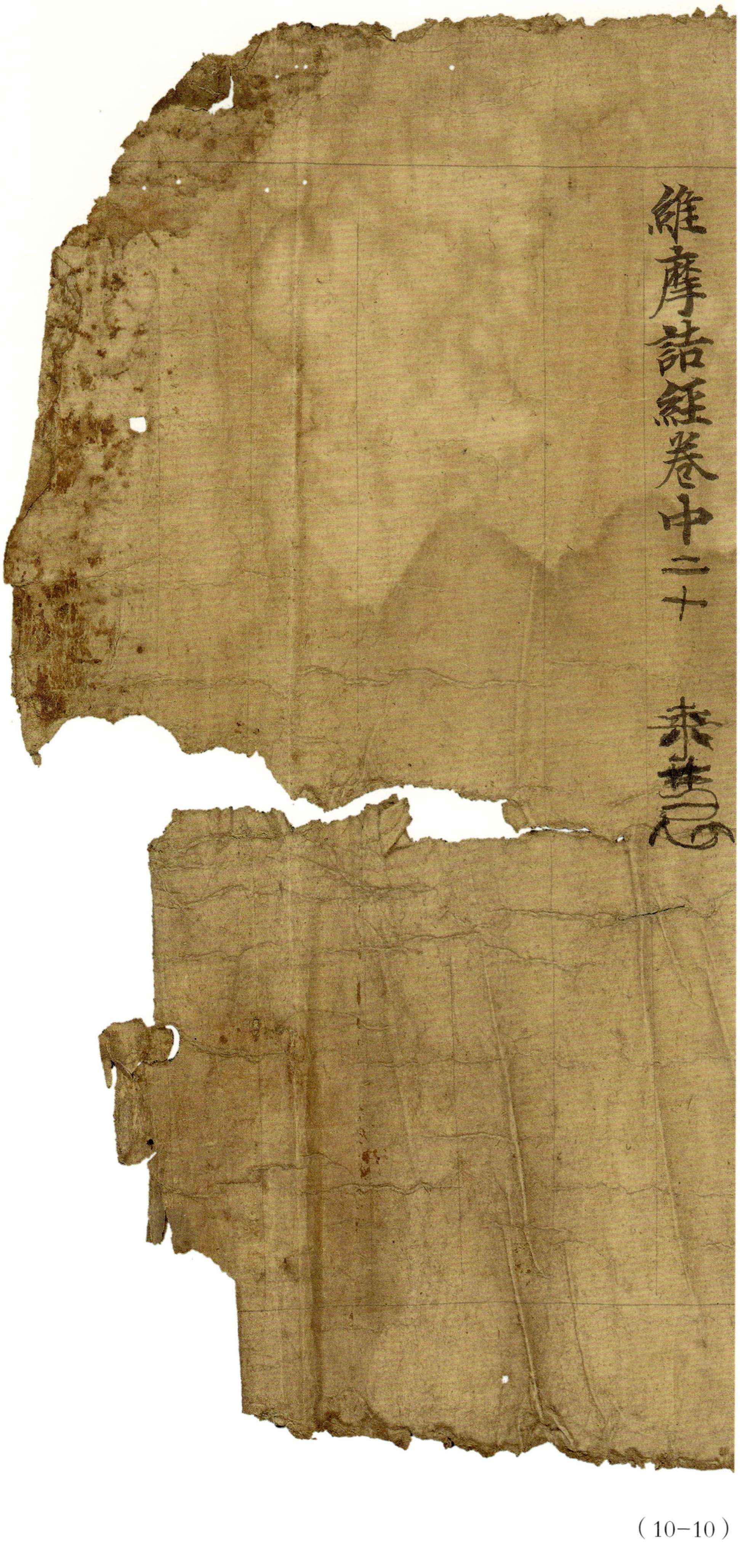
維摩詰經卷中二十

BD00132 大般若波羅蜜多經卷五九

（唐）玄奘 譯

BD00132v 大般若波羅蜜多經卷五九外題

110.7cm × 25.5cm

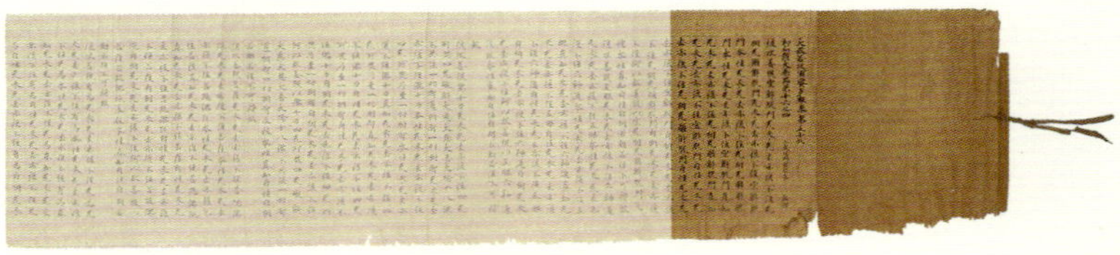

（3–1）

大般若波羅蜜多經卷第五十九

初分讚大乘品第十六之四　三藏法師玄奘奉　詔譯

復次善現空解脫門无來无去亦復不住无
相无願解脫門无來无去亦復不住空解脫
門本性无來无去亦復不住无相无願解脫
門本性无來无去亦復不住空解脫門真如
无來无去亦復不住无相无願解脫門真如
无來无去亦復不住空解脫門自性无來无
去亦復不住无相无願解脫門自性无來无

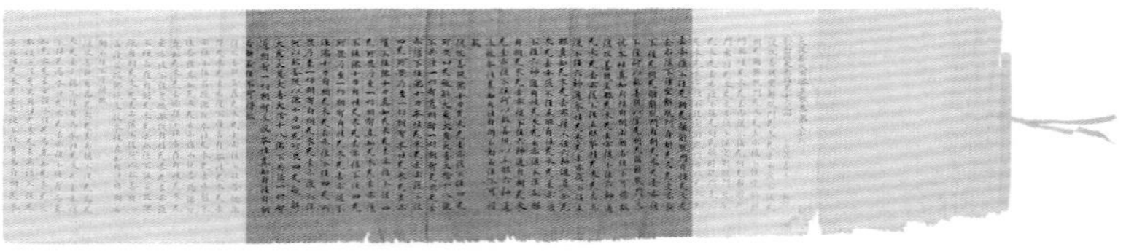

去亦復不住无相无願解脫門自性无來无
去亦復不住空解脫門自相无來无去亦復
不住无相无願解脫門自相无來无去亦復
不住何以故善現以空无相无願解脫門及
彼本性真如自性自相若動若住不可得故
復次善現五眼无來无去亦復不住六神通
无來无去亦復不住五眼本性无來无去亦
復不住六神通本性无來无去亦復不住五
眼真如无來无去亦復不住六神通真如无
來无去亦復不住五眼自性无來无去亦復
不住六神通自性无來无去亦復不住五眼
自相无來无去亦復不住六神通自相无來
无去亦復不住何以故善現以五眼六神通
及彼本性真如自性自相若動若住不可得
故

復次善現佛十力无來无去亦復不住四无
所畏四无礙解大慈大悲大喜大捨十八佛
不共法一切智道相智一切相智无來无去
亦復不住佛十力本性无來无去亦復不住
四无所畏乃至一切相智本性无來无去亦
復不住佛十力真如无來无去亦復不住四
无所畏乃至一切相智真如无來无去亦復
不住佛十力自性无來无去亦復不住四无
所畏乃至一切相智自性无來无去亦復不
住佛十力自相无來无去亦復不住四无所
畏乃至一切相智自相无來无去亦復不住
何以故善現以佛十力四无所畏四无礙解
大慈大悲大喜大捨十八佛不共法一切智
道相智一切相智及彼本性真如自性自相
若動若住不可得故

BD00132　大般若波羅蜜多經卷五九

若動若住不可得故
復次善現菩薩无來无去亦復不住菩提佛
随无來无去亦復不住菩薩本性无來无去
亦復不住菩提佛随本性无來无去亦復不
住菩薩真如无來无去亦復不住菩提佛随
真如无來无去亦復不住菩薩自性无來无
去亦復不住菩提佛随自性无來无去亦復
不住菩薩自相无來无去亦復不住菩提佛
随自相无來无去亦復不住何以故善現以
菩薩菩提佛随及彼本性真如自性自相若
動若住不可得故
復次善現有為无來无去亦復不住无為无
來无去亦復不住有為本性无來无去亦復
不住无為本性无來无去亦復不住有為真

為自性无來无去亦復不住有為自相无來

BD00132v　大般若波羅蜜多經卷五九外題

BD00133　妙法蓮華經卷七

（後秦）鳩摩羅什 譯

470.2cm × 26cm

音品第二十四
釋迦牟尼佛放大人相肉髻光明及放
眉間白毫相光遍照東方百八万億那由他
恒河沙等諸佛世界過是數已有世界名淨
光莊嚴其國有佛号淨華宿王智如來應供
正遍知明行足善逝世間解无上士調御丈
夫天人師佛世尊為无量无邊菩薩大衆恭
敬圍繞而為說法釋迦牟尼佛白毫光明遍
照其國尒時一切淨光莊嚴國中有一菩薩
名曰妙音久已植衆德本供養親近无量百
千万億諸佛而悉成就甚深智恵得妙幢相
三昧法華三昧淨德三昧宿王戲三昧无緣
三昧智印三昧解一切衆生語言三昧集一

切功德三昧清淨三昧神通遊戲三昧慧炬
三昧莊嚴王三昧淨光明三昧淨藏三昧不
共三昧日旋三昧得如是等百千億恒河沙
等諸大三昧釋迦牟尼佛光照其身即白
淨華宿王智佛言世尊我當往詣娑婆世界
礼拜親近供養釋迦牟尼佛及見文殊師利法
王子菩薩藥王菩薩勇施菩薩宿王華菩薩
上行意菩薩莊嚴王菩薩藥上菩薩尒時淨
華宿王智佛告妙音菩薩汝莫輕彼国生下
劣想善男子彼娑婆世界高下不平土石諸
山穢惡充滿佛身卑小諸菩薩衆其形亦小
而汝身四万二千由旬我六百八十万由
旬汝身第一端正百千万福光明殊妙是故
汝往莫輕彼国若佛菩薩及国土生下劣想

汝往莫輕彼国若佛菩薩及国土生下劣想
妙音菩薩白其佛言世尊我今詣娑婆世
界皆是如来之力如来神通遊戲如来功德智
惠荘嚴於是妙音菩薩不起于座身不動搖
而入三昧以三昧力於耆闍崛山去法座不遠
化作八万四千衆寶蓮華閻浮檀金為茎白
銀為葉金剛為鬚甄叔迦寶以為其臺尒
時文殊師利法王子見是蓮華而白佛言世
尊是何因緣先現此瑞有若干千万蓮華閻
浮檀金為茎白銀為葉金剛為鬚甄叔迦寶
以為其臺尒時釋迦牟尼佛告文殊師利是
妙音菩薩摩訶薩欲從淨華宿王智佛國
與八万四千菩薩圍繞而来至此娑婆世界供
養親近礼拜於我亦欲供養聽法華經文殊

德而能有是大神通力行何三昧願爲我等
説是三昧名字我等亦欲勤脩行之行此三
昧乃能見是菩薩色相大小威儀進止唯願
世尊以神通力彼菩薩來令我得見尒時釋
迦牟尼佛告文殊師利此久滅度多寶如來
當爲汝等而現其相時多寶佛告彼菩薩
善男子來文殊師利法王子欲見汝身于時
妙音菩薩於彼國沒與八万四千菩薩俱共發
來所經諸國六種震動皆悉雨於七寶蓮華
百千天樂不鼓自鳴是菩薩目如廣大青蓮
華葉正使和合百千万月其面貌端正復過
於此身真金色无量百千功德莊嚴威德熾
盛光明照曜諸相具足如那羅延堅固之身

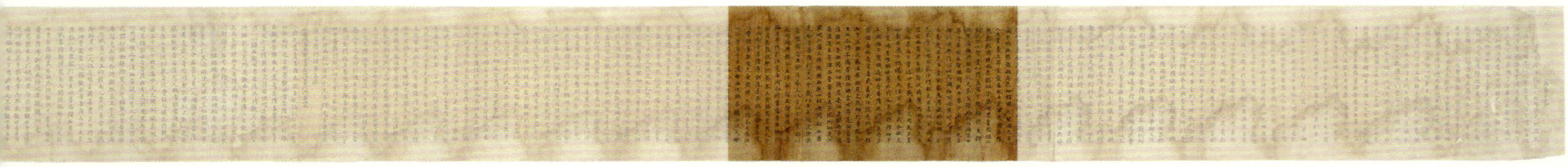

威光明照曜諸相具足如那羅延堅固之身
入七寶臺上昇虛空去地七多羅樹諸菩薩
衆恭敬圍繞而來詣此娑婆世界耆闍崛山
到已下七寶臺以價直百千瓔珞持至釋
迦牟尼佛所頭面礼足奉上瓔珞而白佛言世
尊淨華宿王智佛問訊世尊少病少惱起居
輕利安樂行不四大調和不世事可忍不衆
生易度不无多貪欲瞋恚愚癡嫉妬慳　不
无不孝父母不敬沙門邪見不善心不攝五
情不世尊衆生能降伏諸魔怨不久滅度多
寶如來在七寶塔中來聽法不又問訊多寶
如來安隱少惱堪忍久住不世尊我今欲見
多寶佛身唯願世尊示我令見尒時釋迦牟

寶佛告妙音言善哉善哉汝能為供養釋
迦牟尼佛及聽法華經見文殊師利等故來
至此尒時華德菩薩白佛言世尊是妙音菩
薩種何善根脩何功德有是神力佛告華德
菩薩過去有佛名雲雷音王多陀阿伽度阿
羅呵三藐三佛陀國名現一切世間劫名喜
見妙音菩薩於万二千歲以十万種伎樂供
養雲雷音王佛并奉上八万四千七寶鉢以
是因縁果報今生淨華宿王智佛國有是
神力華德於汝意云何尒時雲雷音王佛所
妙音菩薩伎樂供養奉上寶器者豈異人乎
今此妙音菩薩摩訶薩是華德是妙音菩薩
已曾供養親近无量諸佛久植德本又值恒
河沙等百千万億那由他佛華德汝但見妙
[illegible]

BD00133　妙法蓮華經卷七

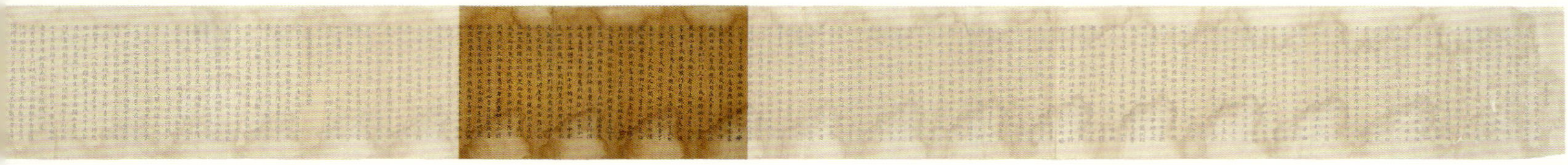

河沙等百千万億那由他佛華德汝但見妙
音菩薩其身在此而是菩薩現種種身處處
為諸衆生説是經典或現梵王身或現帝釋
或現自在天身或現大自在天身或現天大將
軍身或現毗沙門天王身或現轉輪聖王身或
現諸小王身或現長者身或現居士身或現
宰官身或現婆羅門身或現比丘比丘尼優
婆塞優婆夷身或現長者居士婦女身或現
宰官婦女身或現婆羅門婦女身或現童男
童女身或現天龍夜叉乾闥婆阿脩羅迦樓
羅緊那羅摩睺羅伽人非人等身而説是經
諸有地獄餓鬼畜生及衆難處皆能救濟乃
至於王後宮變為女身而説是經華德是妙
音菩薩能救護娑婆世界諸衆生者是妙音

諸衆生說是經典於神通變化智慧无所損
減是菩薩以若干智慧明照娑婆世界令一
切衆生各得所知於十方恒河沙世界中亦
復如是若應以聲聞形得度者現聲聞形而
為說法應以辟支佛形得度者現辟支佛形
而為說法應以菩薩形得度者現菩薩形而
為說法應以佛形得度者即現佛形而為說
法如是種種隨所應度而為現形乃至應以
滅度而得度者示現滅度華德妙音菩薩摩
訶薩成就大神通智慧之力其事如是尒時
華德菩薩白佛言世尊是妙音菩薩深種善
根世尊是菩薩住何三昧而能如是在所變
現度脫衆生佛告華德菩薩善男子其三昧

BD00133　妙法蓮華經卷七

現度脫衆生佛告華德菩薩善男子其三昧
名現一切色身妙音菩薩住是三昧中能如
是饒益无量衆生說是妙音菩薩品時與妙
音菩薩俱来者八万四千人皆得現一切色身
三昧此娑婆世界无量菩薩亦得是三昧
及陁羅尼尒時妙音菩薩摩訶薩供養釋
迦牟尼佛及多寶佛塔已還歸本土所經諸
國六種震動雨寶蓮華作百千万億種種伎
樂既到本國與八万四千菩薩圍繞至淨華宿
王智佛所白佛言世尊我到娑婆世界饒益
衆生見釋迦牟尼佛及見多寶佛塔礼拜供
養又見文殊師利法王子菩薩及見藥王菩
薩得勤精進力菩薩勇施菩薩等亦令八万
四千菩薩得現一切色身三昧說是妙音菩

德菩薩得法華三昧
妙法蓮華經觀世音菩薩普門品第廿五
尒時无盡意菩薩即從座起偏袒右肩合掌
向佛而作是言世尊觀世音菩薩以何因緣
名觀世音佛告无盡意菩薩善男子若有无
量百千万億衆生受諸苦惱聞是觀世音菩
薩一心稱名觀世音菩薩即時觀其音聲皆
得解脫若有持是觀世音菩薩名者設入大
火火不能燒由是菩薩威神力故若為大水
所漂稱其名号即得淺處若有百千万億衆
生為求金銀瑠璃車璖馬瑙珊瑚虎珀真珠
等寶入於大海假使黑風吹其船舫飄墮羅
剎鬼國其中若有乃至一人稱觀世音菩薩

BD00133　妙法蓮華經卷七

刹鬼國其中若有乃至一人稱觀世音菩薩
名者是諸人等皆得解脫羅刹之難以是因
緣名觀世音若復有人臨當被害稱觀世音
菩薩名者彼所執刀杖尋段段壞而得解脫
若三千大千國土滿中夜叉羅刹欲來惱人
聞其稱觀世音菩薩名者是諸惡鬼尚不能
以惡眼視之况復加害設復有人若有罪若
无罪杻械枷鎖檢繫其身稱觀世音菩薩名
者皆悉斷壞即得解脫若三千大千國土滿
中怨賊有一商主將諸商人賫持重寶經過
險路其中一人作是唱言諸善男子勿得恐
怖汝等應當一心稱觀世音菩薩名號是菩
薩能以无畏施於衆生汝等若稱名者於此
怨賊當得解脫衆商人聞俱發聲言南无觀

世音菩薩稱其名故即得解脫无盡意觀世
音菩薩摩訶薩威神之力巍巍如是
若有衆生多於婬欲常念恭敬觀世音菩薩
便得離欲若多瞋恚常念恭敬觀世音菩薩
便得離瞋若多愚癡常念恭敬觀世音菩薩
便得離癡无盡意觀世音菩薩有如是等大
威神力多所饒益是故衆生常應心念
若有女人設欲求男礼拜供養觀世音菩薩
便生福德智慧之男設欲求女便生端正有
相之女宿殖德本衆人愛敬无盡意觀世音
菩薩有如是力若有衆生恭敬礼拜觀世音
菩薩福不唐捐是故衆生皆應受持觀世音
菩薩名号无盡意若有人受持六十二億恒
河沙菩薩名字復盡形供養飲食衣服卧具

BD00133　妙法蓮華經卷七

河沙菩薩名字復盡形供養飲食衣服卧具
醫藥於汝意云何是善男子善女人功德多
不无盡意言甚多世尊佛言若復有人受
持觀世音菩薩名号乃至一時礼拜供養是二
人福正等无異於百千万億劫不可窮盡无
盡意受持觀世音菩薩名号得如是无量无
邊福德之利无盡意菩薩白佛言世尊觀世
音菩薩云何遊此娑婆世界云何而為衆生說
法方便之力其事云何佛告无盡意菩薩善
男子若有國土衆生應以佛身得度者觀世
音菩薩即現佛身而為說法應以辟支佛身
得度者即現辟支佛身而為說法應以聲
聞身得度者即現聲聞身而為說法應以梵王
身得度者即現梵王身而為說法應以帝釋

身得度者即現帝釋身而為說法應以自在
天身得度者即現自在天身而為說法應以
大自在天身得度者即現大自在天身而為
說法應以天大將軍身得度者即現天大將
軍身而為說法應以毗沙門身得度者即現
毗沙門身而為說法應以小王身得度者即
現小王身而為說法應以長者身得度者即
現長者身而為說法應以居士身得度者即
現居士身而為說法應以宰官身得度者即
現宰官身而為說法應以婆羅門身得度者
即現婆羅門身而為說法應以比丘比丘尼
優婆塞優婆夷身得度者即現比丘比丘尼
優婆塞優婆夷身而為說法應以長者居士
宰官婆羅門婦女身得度者即現婦女身而
為說法應以童男童女身得度者即現童男

宰官婆羅門婦女身得度者即現婦女身而
爲說法應以童男童女身得度者即現童男
童女身而爲說法應以天龍夜叉乾闥婆阿
脩羅迦樓羅緊那羅摩睺羅伽人非人等身
得度者即皆現之而爲說法應以執金剛神
得度者即現執金剛神而爲說法无盡意是
觀世音菩薩成就如是功德以種種形遊諸
國土度脫衆生是故汝等應當一心供養觀
世音菩薩是觀世音菩薩摩訶薩於怖畏急
難之中能施无畏是故此娑婆世界皆号之爲施
无畏者无盡意菩薩白佛言世尊我今當供養觀
世音菩薩即解頸衆寶珠瓔珞價直百千兩金
而以與之作是言仁者受此法施珎寶瓔珞
時觀世音菩薩不肯受之无盡意復白觀

世音菩薩言仁者愍我等故受此瓔珞介
時佛告觀世音菩薩當愍此无盡意菩薩
及諸四衆天龍夜叉乾闥婆阿脩羅迦樓羅
緊那羅摩睺羅伽人非人等故受是瓔珞即
時觀世音菩薩愍諸四衆及於天龍人非人
等受其瓔珞分作二分一分奉釋迦牟尼佛
一分奉多寶佛塔无盡意觀世音菩薩有如
是自在神力遊於娑婆世界介時无盡意菩
薩以偈問曰

世尊妙相具 我今重問彼 佛子何因緣 名為觀世音
具足妙相尊 偈答无盡意 汝聽觀音行 善應諸方所
弘誓深如海 歷劫不思議 侍多千億佛 發大清淨願
我為汝略說 聞名及見身 心念不空過 能滅諸有苦
假使興害意 推落大火坑 念彼觀音力 火坑變成池

假使興害意 推落大火坑 念彼觀音力 火坑變成池
或漂流巨海 龍魚諸鬼難 念彼觀音力 波浪不能沒
或在須弥峯 為人所推墮 念彼觀音力 如日虛空住
或被惡人逐 墮落金剛山 念彼觀音力 不能損一毛
或值怨賊遶 各執刀加害 念彼觀音力 咸即起慈心
或遭王難苦 臨刑欲壽終 念彼觀音力 刀尋段段壞
或囚禁枷鎖 手足被杻械 念彼觀音力 釋然得解脫
呪詛諸毒藥 所欲害身者 念彼觀音力 還著於本人
或遇惡羅刹 毒龍諸鬼等 念彼觀音力 時悉不敢害
若惡獸圍遶 利牙爪可怖 念彼觀音力 疾走无邊方
蚖蛇及蝮蝎 氣毒煙火然 念彼觀音力 尋聲自迴去
雲雷鼓掣電 降雹澍大雨 念彼觀音力 應時得消散
衆生被困厄 无量苦逼身 觀音妙智力 能救世間苦
具足神通力 廣修智方便 十方諸國土 无刹不現身

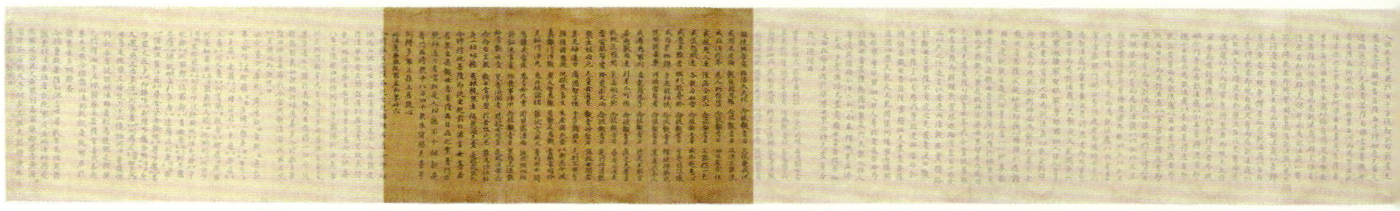

種種諸惡趣 地獄鬼畜生 生老病死苦 以漸悉令滅
真觀清淨觀 廣大智慧觀 悲觀及慈觀 常願常瞻仰
无垢清淨光 慧日破諸闇 能伏災風火 普明照世間
悲體戒雷震 慈音妙大雲 澍甘露法雨 滅除煩惱焰
諍訟經官處 怖畏軍陣中 念彼觀音力 衆怨悉退散
妙音觀世音 梵音海潮音 勝彼世間音 是故須常念
念念勿生疑 觀世音淨聖 於苦惱死厄 能為作依怙
具一切功德 慈眼視衆生 福聚海无量 是故應頂礼
尒時持地菩薩即從坐起前白佛言世尊若
有衆生是觀世音菩薩品自在之業普門示
現神通力者當知是人功德不少佛說是
普門品時衆中八万四千衆生皆發无等等
阿耨多羅三藐三菩提心
妙法蓮華經陁羅尼品第廿六
尒時藥王菩薩即從坐起偏袒右肩合掌向佛

阿耨多羅三藐三菩提心

妙法蓮華經陁羅尼品第廿六

尒時藥王菩薩即從坐起偏袒右肩合掌向
佛而白佛言世尊若善男子善女人有能受
持法華經者若讀誦通利若有書寫經卷得
幾所福佛告藥王若有善男子善女人供養
八百万億那由他恒河沙等諸佛於汝意云
何其所得福寧為多不甚多世尊佛言若善
男子善女人能於是經乃至受持一四句偈
讀誦解義如說脩行功德甚多尒時藥王菩
薩白佛言世尊我今當與說法者陁羅尼呪
以守護之即說呪曰
安尒一 曼尒二 摩祢三 摩摩祢四 旨隸五 遮梨
苐六 賒咩羊鳴音七 賒履因雉反 多瑋八 羶帝輸干反九 目帝十
目多履十 娑履十 阿瑋娑履十 桑履十 娑履十

阿盧伽婆娑(蘇柰反)簸蔗毘叉膩廿二禰毘剃廿三阿便哆
(都餓反)邏禰履剃廿四阿亶哆波隸輸地廿五漚究隸廿六牟
究隸廿七阿羅隸廿八波羅隸廿九首迦差(初几反)卅阿三磨
三履卅一佛馱毘吉利袠帝卅二達磨波利差(猜離反)帝
卅三僧伽涅瞿沙禰卅四婆舍婆舍輸地卅五曼哆邏卅六曼
哆邏叉夜多卅七郵樓哆卅八郵樓哆憍舍略(盧蔗反)卅九惡
叉邏卌惡叉冶多冶卌一阿婆盧卌二阿摩若(荏蔗反)那多夜卌三
世尊是陀羅尼神呪六十二億恒河沙等諸佛
所說若有侵毀此法師者則為侵毀是諸佛
已時釋迦牟尼佛讚藥王菩薩言善哉善哉
藥王汝愍念擁護此法師故說是陀羅尼於
諸衆生多所饒益
尒時勇施菩薩白佛言世尊我亦為擁護讀
誦受持法華經者說陀羅尼若此法師得是

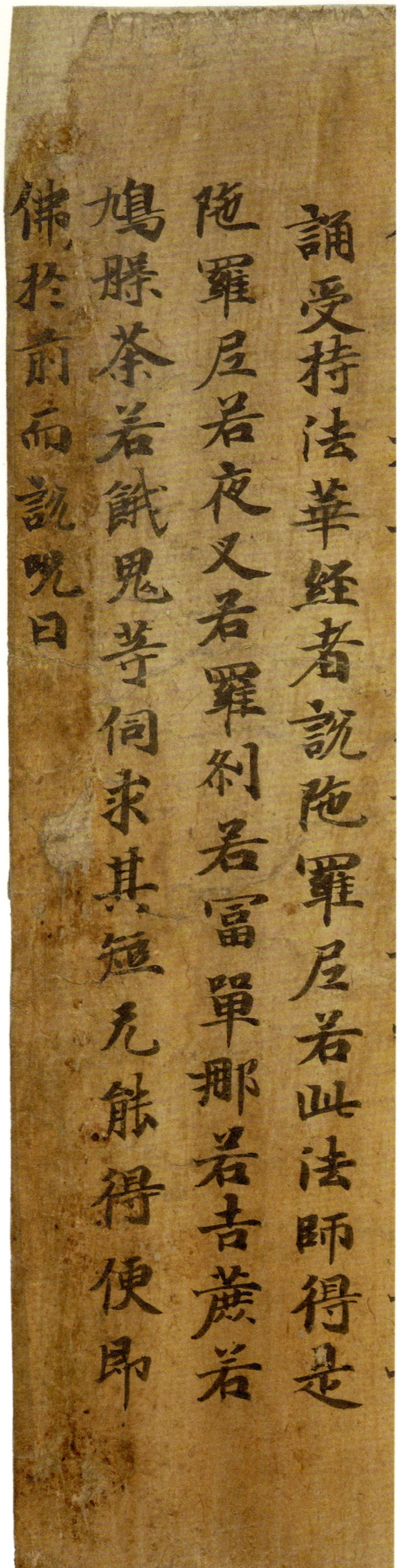

誦受持法華経者説陁羅尼若此法師得是
陁羅尼若夜叉若羅刹若富單那若吉蔗若
鳩槃茶若餓鬼等伺求其短无能得便即
佛於前而説呪曰

BD00134

四分律比丘戒本

（後秦）佛陀耶舍 譯

（唐）懷素 集

188cm × 25.7cm

諸大德是中清淨默然故是事如是持
諸大德是衆學戒法半月半月說戒經中來
當齊整著涅槃僧應當學
當齊整著三衣應當學
不得反抄衣行入白衣舍應當學
不得反抄衣行入白衣舍坐應當學
不得衣纏頸入白衣舍應當學
不得衣纏頸入白衣舍坐應當學
不得覆頭入白衣舍應當學
不得覆頭入白衣舍坐應當學
不得跳行入白衣舍應當學
不得跳行入白衣舍坐應當學　十
不得白衣舍內蹲坐應當學
不得叉腰行入白衣舍應當學

不得叉腰行入白衣舍坐應當學
不得搖身行入白衣舍應當學
不得搖身行入白衣舍坐應當學
不得掉臂行入白衣舍應當學
不得掉臂行入白衣坐應當學
好覆身入白衣舍應當學
好覆身入白衣舍坐應當學
不得左右顧視行入白衣舍應當學 二十
不得左右顧視行入白衣舍坐應當學
靜嘿入白衣舍應當學
靜嘿入白衣舍坐應當學
不得戲咲行入白衣舍坐應當學
不得戲咲行入白衣舍坐應當學
用意受食應當學
平鉢受食應當學

平鉢受食應當學
平鉢受羹應當學
羹飯等食應當學
以此食應當學 三十
不得挑鉢中而食應當學
若比丘无病不得爲已索羹飯應當學
不得以飯覆羹應當學
不得視比坐鉢中食應當學
當繫鉢想食應當學
不得大摶飯食應當學
不得大張口待飯食應當學
不得含飯語應當學
遥擲口中食應當學
落飯食應當學 四十

不得嚼飯作聲食應當學

不得大噏飯食應當學

不得舌舐食應當學

不得振手食應當學

不得手把散飯食應當學

不得汙手捉食器應當學

不得洗鉢水棄白衣舍內應當學

不得生草菜上大小便涕唾除病應當學 卌九

不得淨水中大小便涕唾除病應當學 五十

不得立大小便除病應當學

不得與反抄衣不恭敬人說法除病應當學

不得為衣纏頸者說法除病應當學

不得為覆頭者說法除病應當學

不得為裹頭者說法除病應當學

不得為叉腰者說法除病應當學

不得爲裹頭者說法除病應當學
不得爲叉腰者說法除病應當學
不得爲著草屣者說法除病應當學
不得爲著木屐者說法除病應當學
不得爲騎乘者說法除病應當學
不得在佛塔中止宿除爲守護故應當學 卒
不得藏財物置佛塔中除爲堅牢故應當學
不得著草屣入佛塔中應當學
不得手提草屣入佛塔中應當學
不得著草屣遶佛塔行應當學
不得著富羅入佛塔中應當學
不得提富羅入佛塔中應當學
不得塔下坐食留草及食汙地應當學
不得擔死屍從佛塔下過應當學
不得佛塔下埋死屍應當學

不得在塔下燒死屍應當學
不得向塔燒死屍應當學
不得佛塔四邊燒死屍使臭氣來入應當學
不得持死人衣及床從塔下過除浣染香熏應當學
不得佛塔下大小便應當學
不得向佛塔大小便應當學
不得繞佛塔四邊大小便使臭氣來入應當學
不得持佛像至大小便處應當學
不得佛塔下嚼楊枝應當學
不得向佛塔嚼楊枝應當學
不得佛塔四邊嚼楊枝應當學 八十
不得佛塔下涕唾應當學
不得向佛塔涕唾應當學
不得佛塔四邊涕唾應當學
不得向佛塔舒脚坐應當學

不得佛塔四邊涕唾應當學
不得向佛塔舒脚坐應當學
不得安佛塔在下房已在上房住應當學
人坐已立不得為說法除病應當學
人卧已立不得為說法除病應當學
人在坐已在非座不得為說法除病應當學
人在高座已在下座不得為說法除病應當學
人在前行已在後行不得為說法除病應當學十九
人在高經行處已在下經行處不應為說法除病
應當學
人在道已在非道不應為說法除病應當學
不得携手在道行應當學
不得上樹過人頭除時因緣應當學
不得絡囊盛鉢貫杖頭著肩上而行應當學

人持劍不應爲說法除病應當學

人持鉾不應爲說法除病應當學

人持刀不應爲說法除病應當學

人持蓋不應爲說法除病應當學

諸大德我已說衆學戒法今問諸大德是中清

淨不 三說

諸大德是中清淨嘿然故是事如是持

諸大德是七滅諍法半月半月說戒經中來

若比丘有諍事起即應除滅

應與現前毗尼當與現前毗尼 應與不癡毗尼當與憶念毗尼

應與不癡毗尼當與不癡毗尼 應與自言治當與自言治

應與覓罪相當與覓罪相 應與多人語當與多人語

應與如草覆地當與如草覆地

BD00135-1 誦金剛經前儀・啓請八金剛（擬）

BD00135-2 金剛般若波羅蜜經

（後秦）鳩摩羅什 譯

BD00135v 雜寫

227.9cm × 28.3cm

凡人欲轉念金剛般若經先至心請八金剛名
功德无量其名如是
奉請青除灾金剛　奉請辟毒金剛
奉請黄隨求金剛　奉請白淨水金剛
奉請赤聲火金剛　奉請定除灾金剛
奉請紫賢金剛　奉請大神力金剛
金剛般若波羅蜜經
如是我聞一時佛在舍衛國祇樹給孤獨園
與大比丘衆千二百五十人俱尒時世尊食時

著衣持鉢入舍衛大城乞食於其城中次
第乞已還至本處飯食訖收衣鉢洗足已敷
座而坐時長老須菩提在大衆中即從坐起
偏袒右肩右膝著地合掌恭敬而白佛言希
有世尊如来善護念諸菩薩善付囑諸菩薩
世尊善男子善女人發阿耨多羅三藐三菩提心
應云何住云何降伏其心佛言善哉善哉須
菩提如汝所說如来善護念諸菩薩善付
囑諸菩薩汝今諦聽當為汝說善男子善
女人發阿耨多羅三藐三菩提心應如是住如
是降伏其心唯然世尊願樂欲聞
佛告須菩提諸菩薩摩訶薩應如是降伏其
心所有一切衆生之類若卵生若胎生若濕生

BD00135-1　誦金剛經前儀・啓請八金剛（擬）　　BD00135-2　金剛般若波羅蜜經

心所有一切衆生之類若卵生若胎生若濕生
若化生若有色若無色若有想若無想若
非有想非無想我皆令入無餘涅槃而滅
度之如是滅度無量無數無邊衆生實無衆
生得滅度者何以故須菩提若菩薩有我相
人相衆生相壽者相即非菩薩
復次須菩提菩薩於法應無所住行於布施
所謂不住色布施不住聲香味觸法布施須
菩提菩薩應如是布施不住於相何以故若
菩薩不住相布施其福德不可思量須菩提
於意云何東方虛空可思量不不也世尊須
菩提南西北方四維上下虛空可思量不不
也世尊須菩提菩薩無住相布施福德亦復

如是不可思量須菩提菩薩但應如所教住
須菩提於意云何可以身相見如来不不也
世尊不可以身相得見如来何以故如来所
說身相即非身相佛告須菩提凡所有相皆
是虛妄若見諸相非相則見如来
須菩提白佛言世尊頗有衆生得聞如是言
說章句生實信不佛告須菩提莫作是說如
来滅後後五百歲有持戒脩福者於此章句
能生信心以此為實當知是人不於一佛二佛
三四五佛而種善根已於無量千万佛所
種諸善根聞是章句乃至一念生淨信者須
菩提如来悉知悉見是諸衆生得如是無量
福德何以故是諸衆生無復我相人相衆生

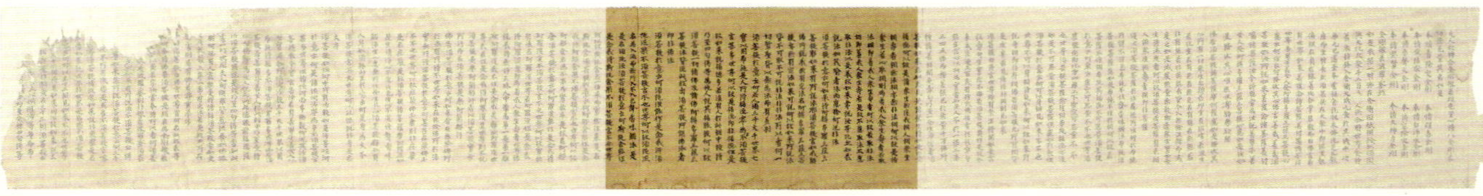

菩提如来悉知悉見是諸衆生得如是無量
福德何以故是諸衆生無復我相人相衆生
相壽者相無法相亦無非法相何以故是諸
衆生若心取相則為著我人衆生壽者若取
法相即著我人衆生壽者何以故若取非法
相即著我人衆生壽者是故不應取法不應
取非法以是義故如来常説汝等比丘知我
説法如筏喻者法尚應捨何況非法
須菩提於意云何如来得阿耨多羅三藐三
菩提耶如来有所説法耶須菩提言如我解
佛所説義無有定法名阿耨多羅三藐三菩
提亦無有定法如来可説何以故如来所説法
皆不可取不可説非法非非法所以者何一
切賢聖皆以無為法而有差別

須菩提於意云何若人滿三千大千世界七
寶以用布施是人所得福德寧為多不須菩提
言甚多世尊何以故是福德即非福德性是
故如來說福德多若復有人於此經中受持
乃至四句偈等為他人說其福勝彼何以故
須菩提一切諸佛及諸佛阿耨多羅三藐三
菩提法皆從此經出須菩提所謂佛法者
即非佛法
須菩提於意云何須陁洹能作是念我得須
陁洹果不須菩提言不也世尊何以故須陁洹
名為入流而無所入不入色聲香味觸法是
是名須陁洹須菩提於意云何斯陁含能作
是念我得斯陁含果不須菩提言不也世尊

BD00135-2　金剛般若波羅蜜經

是名須陀洹須菩提於意云何斯陀含能作
是念我得斯陀含果不須菩提言不也世尊
何以故斯陀含名一往来而實無往来是名
斯陀含須菩提於意云何阿那含能作是念
我得阿那含果不須菩提言不也世尊何以故
阿那含名為不来而實無来是故名阿那
含須菩提於意云何阿羅漢能作是念我得
阿羅漢道不須菩提言不也世尊何以故實無
有法名阿羅漢世尊若阿羅漢作是念我
得阿羅漢道即為著我人衆生壽者世尊佛
說我得無諍三昧人中最為第一是第一離
欲阿羅漢我不作是念我是離欲阿羅漢世
尊我若作是念我得阿羅漢道世尊則不說
須菩提是樂阿蘭那行者以須菩提實無

所行而名須菩提是樂阿蘭那行
佛告須菩提於意云何如来昔在然燈佛所
於法有所得不世尊如来在然燈佛所於法
實無所得須菩提於意云何菩薩莊嚴佛土
不不也世尊何以故莊嚴佛土者則非莊嚴
是名莊嚴是故須菩提諸菩薩摩訶薩應如
是生清淨心不應住色生心不應住聲香味
觸法生心應無所住而生其心須菩提譬如有
人身如須弥山王於意云何是身為大不
須菩提言甚大世尊何以故佛說非身是名
大身
須菩提如恒河中所有沙數如是沙等恒河
於意云何是諸恒河沙寧為多不須菩提言

須菩提如恒河中所有沙數如是沙等恒河
於意云何是諸恒河沙寧為多不須菩提言
甚多世尊但諸恒河尚多無數何況其沙須
菩提我今實言告汝若有善男子善女人以
七寶滿尒所恒河沙數三千大千世界以用
布施得福多不須菩提言甚多世尊佛告須
菩提若善男子善女人於此經中乃至受持
四句偈等為他人說而此福德勝前福德復
次須菩提隨說是經乃至四句偈等當知此
處一切世間天人阿脩羅皆應供養如佛塔
廟何況有人盡能受持讀誦須菩提當知是
人成就最上第一希有之法若是經典所在
之處則為有佛若尊重弟子
尒時須菩提白佛言世尊當何名此經我等

云何奉持佛告須菩提是經名爲金剛般若
以是名字汝當奉持所以者何須菩
般若波羅蜜則非般若波羅蜜須菩
云何如来有所說法不須菩提白佛
尊如来無所說須菩提於意云何三千
世界所有微塵是爲多不須菩提言甚
世尊須菩提諸微塵如来說非微塵是名
塵如来說世界非世界是名世界須菩提
意云何可以三十二相見如来不不也世尊
以三十二相得見如来何以故如来說三
相即是非相是名三十二相須菩提若
人以恒河沙等身命布
中乃至受持四句偈等

BD00135-2　金剛般若波羅蜜經

功至受持四句偈等

BD00135v　雜寫

BD00136 妙法蓮華經卷一

（後秦）鳩摩羅什 譯

917.9cm × 25.5cm

佛住王舍城耆闍崛山中
與大比丘眾萬二千人俱皆是阿羅漢諸漏
已盡無復煩惱[illegible]己利盡諸有結心得自
在其名曰阿若憍陳如摩訶迦葉優樓頻螺
迦葉伽耶迦葉那提迦葉舍利弗大目揵連
摩訶迦旃延阿㝹樓馱劫賓那憍梵波提離
婆多畢陵伽婆蹉薄拘羅摩訶拘絺羅難陀
孫陀羅難陀富樓那彌多羅尼子須菩提阿
難羅睺羅如是眾所知識大阿羅漢等復有
學無學二千人摩訶波闍波提比丘尼與眷
屬六千人俱羅睺羅母耶輸陀羅比丘尼亦
與眷屬俱菩薩摩訶薩八萬人皆於阿耨多
羅三藐三菩提不退轉皆得陀羅尼樂說辯

才轉不退轉法輪供養无量百千諸佛於諸佛
所植衆德本常爲諸佛之所稱歎以慈脩
身善入佛慧通達大智到於彼岸名稱普
聞无量世界能度无量百千衆生其名曰文
殊師利菩薩觀世音菩薩得大勢至菩薩常
精進菩薩不休息菩薩寶掌菩薩藥王菩薩
勇施菩薩寶月菩薩月光菩薩滿月菩薩大
力菩薩无量力菩薩越三界菩薩颰陁波羅
菩薩弥勒菩薩寶積菩薩導師菩薩如是等
菩薩摩訶薩八萬人俱尒時釋提桓因與其
眷屬二萬天子俱復有名月天子普香天子
寶光天子四大天王與其眷屬萬天子俱自
在天子大自在天子與其眷屬三萬天子俱娑

BD00136　妙法蓮華經卷一

在天子大自在天子與其眷屬三萬天子俱娑
婆世界主梵天王尸棄大梵光明大梵等與其
眷屬萬二千天子俱有八龍王難陀龍王跋
難陀龍王娑伽羅龍王和脩吉龍王德叉迦
龍王阿那婆達多龍王摩那斯龍王漚鉢羅
龍王等各與若干百千眷屬俱有四緊那羅
王法緊那羅王妙法緊那羅王大法緊那羅
王持法緊那羅王各與若干百千眷屬俱有
四乾闥婆王樂乾闥婆王樂音乾闥婆王美
乾闥婆王美音乾闥婆王各與若干百千眷
屬俱有四阿脩羅王婆稚阿脩羅王佉羅騫
馱阿脩羅王毗摩質多羅阿脩羅王羅睺羅
阿脩羅王各與若干百千眷屬俱有四迦樓
羅王大威德迦樓羅王大身迦樓羅王大滿

迦樓羅王如意迦樓羅王各與若干百千眷
屬俱韋提希子阿闍世王與若干百千眷屬
俱各礼佛足退坐一面尒時世尊四衆圍遶供
養恭敬尊重讚嘆為諸菩薩說大乘經名无
量義教菩薩法佛所護念佛說此經已結
加趺坐入於无量義處三昧身心不動是
時天雨曼陁羅華摩訶曼陁羅華曼殊沙華
摩訶曼殊沙華而散佛上及諸大衆普佛世
界六種震動尒時會中比丘比丘尼優婆塞
優婆夷天龍夜叉乾闥婆阿脩羅迦樓羅緊
那羅摩睺羅伽人非人及諸小王轉輪聖王等
是諸大衆得未曾有歡喜合掌一心觀佛尒
時佛放眉間白豪相光照東方萬八千世界
靡不周遍下至阿鼻地獄上至阿迦貳吒天

是諸大衆得未曾有歡喜合掌一心觀佛尒
時佛放眉間白毫相光照東方萬八千世界
靡不周遍下至阿鼻地獄上至阿迦膩吒天
於此世界盡見彼土六趣衆生又見彼土現
在諸佛及聞諸佛所說經法并見彼諸比丘
比丘尼優婆塞優婆夷諸脩行得道者復見
諸菩薩摩訶薩種種因緣種種信解種種相
貌行菩薩道復見諸佛般涅槃者復見諸佛
般涅槃後以佛舍利起七寶塔尒時彌勒菩
薩作是念今者世尊現神變相以何因緣而
有此瑞今佛世尊入于三昧是不可思議現
希有事當以問誰誰能荅者復作是念此文
殊師利法王之子已曾親覲供養過去无量
諸佛必應見此希有之相我今當問尒時比

丘比丘尼優婆塞優婆夷及諸天龍鬼神等
咸作此念是佛光明神通之相今當問誰尒
時弥勒菩薩欲自决疑又觀四衆比丘比丘
尼優婆塞優婆夷及諸天龍鬼神等衆會之
心而問文殊師利言以何因緣而有此瑞神
通之相放大光明照于東方萬八千土悉見
彼佛國界莊嚴於是弥勒菩薩欲重宣此
義以偈問曰
文殊師利　導師何故　眉間白豪　大光普照
雨曼陁羅　曼殊沙華　栴檀香風　悅可衆心
以是因緣　地皆嚴淨　而此世界　六種震動
時四部衆　咸皆歡喜　身意快然　得未曾有
眉間光明　照于東方　萬八千土　皆如金色
從阿鼻獄　上至有頂　諸世界中　六道衆生

從阿鼻獄　上至有頂　諸世界中　六道衆生
生死所趣　善惡業緣　受報好醜　於此悉見
又覩諸佛　聖主師子　演說經典　微妙第一
其聲清淨　出柔軟音　教諸菩薩　无數億萬
梵音深妙　令人樂聞　各於世界　講說正法
種種因緣　以无量喻　照明佛法　開悟衆生
若人遭苦　猒老病死　為說涅槃　盡諸苦際
若人有福　曾供養佛　志求勝法　為說緣覺
若有佛子　修種種行　求无上慧　為說淨道
文殊師利　我住於此　見聞若斯　及千億事
如是衆多　今當略說　我見彼土　恒沙菩薩
種種因緣　而求佛道　或有行施　金銀珊瑚
真珠摩尼　硨渠馬瑙　金剛諸珍　奴婢車乘

寶飾輦輿　歡喜布施　迴向佛道　願得是乘
三界第一　諸佛所歎　或有菩薩　駟馬寶車
欄楯華蓋　軒飾布施　復見菩薩　身肉手足
及妻子施　求无上道　又見菩薩　頭目身體
欣樂施与　求佛智慧　文殊師利　我見諸王
往詣佛所　問无上道　便捨樂土　宮殿臣妾
剃除鬚髮　而被法服　或見菩薩　而作比丘
獨處閑靜　樂誦經典　又見菩薩　勇猛精進
入於深山　思惟佛道　又見離欲　常處空閑
深脩禪定　得五神通　又見菩薩　安禪合掌
以千萬偈　讚諸法王　復見菩薩　智深志固
能問諸佛　聞悉受持　又見佛子　定慧具足
以无量喻　為眾講法　欣樂說法　化諸菩薩
破魔兵眾　而擊法鼓　又見菩薩　寂然宴默

BD00136　妙法蓮華經卷一

破魔兵衆　而擊法鼓　又見菩薩　寂然宴默
天龍恭敬　不以為喜　又見菩薩　處林放光
濟地獄苦　令入佛道　又見佛子　未嘗睡眠
經行林中　勤求佛道　又見具戒　威儀無缺
淨如寶珠　以求佛道　又見佛子　住忍辱力
增上慢人　惡罵捶打　皆悉能忍　以求佛道
又見菩薩　離諸戲笑　及癡眷屬　親近智者
一心除亂　攝念山林　億千萬歲　以求佛道
或見菩薩　肴饍飲食　百種湯藥　施佛及僧
名衣上服　價直千萬　或無價衣　施佛及僧
千萬億種　栴檀寶舍　衆妙臥具　施佛及僧
清淨園林　華菓茂盛　流泉浴池　施佛及僧
如是等施　種種微妙　歡喜無猒　求无上道

或有菩薩　說寂滅法　種種教詔　無數眾生
或見菩薩　觀諸法性　無有二相　猶如虛空
又見佛子　心無所著　以此妙慧　求无上道
文殊師利　又有菩薩　佛滅度後　供養舍利
又見佛子　造諸塔廟　无數恒沙　嚴飾國界
寶塔高妙　五千由旬　縱廣正等　二千由旬
一一塔廟　各千幢幡　珠交露幔　寶鈴和鳴
諸天龍神　人及非人　香華妓樂　常以供養
文殊師利　諸佛子等　爲供舍利　嚴飾塔廟
國界自然　殊特妙好　如天樹王　其華開敷
佛放一光　我及眾會　見此國界　種種殊妙
諸佛神力　智慧希有　放一淨光　照无量國
我等見此　得未曾有　佛子文殊　願決眾疑
四眾欣仰　瞻仁及我　世尊何故　放斯光明

BD00136　妙法蓮華經卷一

四衆欣仰　瞻仁及我　世尊何故　放斯光明
佛子時答　決疑令喜　何所饒益　演斯光明
佛坐道場　所得妙法　為欲說此　為當授記
示諸佛土　衆寶嚴淨　及見諸佛　此非小緣
文殊當知　四衆龍神　瞻察仁者　為說何等
是時文殊師利語弥勒菩薩摩訶薩及諸大
士善男子等如我惟忖今佛世尊欲說大法
雨大法雨吹大法螺擊大法鼓演大法義諸
善男子我於過去諸佛曾見此瑞放斯光
已即說大法是故當知今佛現光亦復如是
欲令衆生咸得聞知一切世間難信之法故現
斯瑞諸善男子如過去无量无邊不可思議
阿僧祇劫尒時有佛号日月燈明如來應供

正遍知明行足善逝世間解无上士調御丈
夫天人師佛世尊演說正法初善中善後善
其義深遠其語巧妙純一无雜具足清白梵
行之相為求聲聞者說應四諦法度生老病
死究竟涅槃為求辟支佛者說應十二因緣
法為諸菩薩說應六波羅蜜令得阿耨多羅
三藐三菩提成一切種智次復有佛亦名日月
燈明次復有佛亦名日月燈明如是二萬佛
皆同一字号日月燈明又同一姓姓頗羅墮
弥勒當知初佛後佛皆同一字名日月燈明
十号具足所可說法初中後善其最後佛未
出家時有八王子一名有意二名善意三名无
量意四名寶意五名增意六名除疑意七名
響意八名法意是八王子威德自在各領四

響意八名法意是八王子威德自在各領四
天下是諸王子聞父出家得阿耨多羅三
藐三菩提悉捨王位亦隨出家發大乘意常
脩梵行皆為法師已於千萬佛所植諸善本
是時日月燈明佛說大乘經名无量義教菩
薩法佛所護念說是經已即於大眾中結加
趺坐入於无量義處三昧身心不動是時天
雨曼陁羅華摩訶曼陁羅華曼殊沙華摩訶
曼殊沙華而散佛上及諸大眾普佛世界六種
震動尒時會中比丘比丘尼優婆塞優婆夷
天龍夜叉乾闥婆阿脩羅迦樓羅緊那羅摩
睺羅伽人非人等及諸小王轉輪聖王等是
諸大眾得未曾有歡喜合掌一心觀佛尒時

如來放眉間白豪相光照東方萬八千佛土
靡不周遍如今所見是諸佛土彌勒當知尒
時會中有二十億菩薩樂欲聽法是諸菩薩
見此光明普照佛土得未曾有欲知此光所
為因緣時有菩薩名曰妙光有八百弟子是
時日月燈明佛從三昧起因妙光菩薩說大
乘經名妙法蓮華教菩薩法佛所護念六十
小劫不起于座時會聽者亦坐一處六十小
劫身心不動聽佛所說謂如食頃是時眾中
無有一人若身若心而生懈倦日月燈明佛於
六十小劫說是經已即於梵魔沙門婆羅門
及天人阿脩羅眾中而宣此言如來於今
日中夜當入无餘涅槃時有菩薩名曰德藏
日月燈明佛即授其記告諸比丘是德藏菩

日月燈明佛即授其記告諸比丘是德藏菩
薩次當作佛号曰淨身多陁阿伽度阿羅訶
三狼三佛陁佛授記已便於中夜入无餘涅
槃佛滅度後妙光菩薩持妙法蓮華經滿八
十小刧為人演說日月燈明佛八子皆師妙
光妙光教化令其堅固阿耨多羅三狼三菩
提是諸王子供養无量百千萬億佛已皆成
佛道其最後成佛者名曰然燈八百弟子中
有一人号曰求名貪著利養雖復讀誦衆經
而不通利多所忘失故号求名是人亦以種
諸善根因緣故得值无量百千萬億諸佛
供養恭敬尊重讚嘆弥勒當知尒時妙光
菩薩豈異人乎我身是也求名菩薩汝身是

世今見此瑞 與本無異 是故惟忖 今日如来
當說大乘經 名妙法蓮華 教菩薩法 佛所護
念 尒時文殊師利 於大衆中 欲重宣此義 而
說偈言
我念過去世 无量无數劫 有佛人中尊 号日月燈明
世尊演說法 度无量衆生 无數億菩薩 令入佛智慧
佛未出家時 所生八王子 見大聖出家 亦隨脩梵行
時佛說大乘 經名无量義 於諸大衆中 而為廣分別
佛說此經已 即於法座上 加趺坐三昧 名无量義處
天雨曼陁華 天鼓自然鳴 諸天龍鬼神 供養人中尊
一切諸佛土 即時大震動 佛放眉間光 現諸希有事
此光照東方 萬八千佛土 亦一切衆生 生死業報處
有見諸佛土 以衆寶莊嚴 瑠璃頗梨色 斯由佛光照
及見諸天人 龍神夜叉衆 乾闥緊那羅 各供養其佛

有見諸佛土　以衆寶莊嚴　琉璃頗梨色　斯由佛光照
及見諸天人　龍神夜叉衆　乾闥緊那羅　各供養其佛
又見諸如來　自然成佛道　身色如金山　端嚴甚微妙
如淨琉璃中　內現真金像　世尊在大衆　敷演深法義
一一諸佛土　聲聞衆无數　因佛光所照　悉見彼大衆
或有諸比丘　在於山林中　精進持淨戒　猶如護明珠
又見諸菩薩　行施忍辱等　其數如恒沙　斯由佛光照
又見諸菩薩　深入諸禪定　身心寂不動　以求无上道
又見諸菩薩　如法寂滅相　各於其國土　說法求佛道
尒時四部衆　見日月燈佛　現大神通力　其心皆歡喜
各各自相問　是事何因緣　天人所奉尊　適從三昧起
讚妙光菩薩　汝為世間眼　一切所歸信　能奉持法藏
如我所說法　唯汝能證知　世尊既讚歎　令妙光歡喜
說是法華經　滿六十小劫　不起於此座　所說上妙法

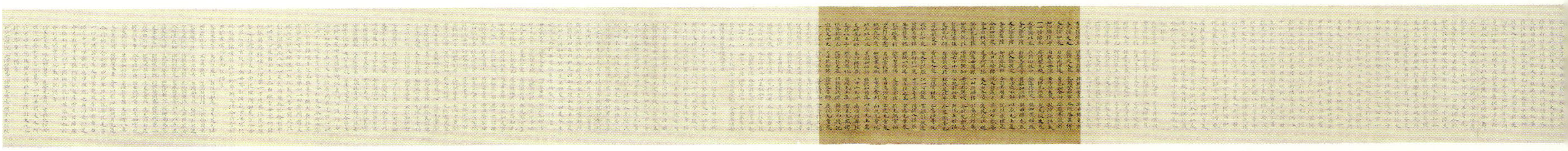

是妙光法師　悉皆能受持　佛說是法華　令衆歡喜已
尋即於是日　告於天人衆　諸法實相義　已為汝等說
我今於中夜　當入於涅槃　汝一心精進　當離於放逸
諸佛甚難值　億劫時一遇　世尊諸子等　聞佛入涅槃
各各懷悲惱　佛滅一何速　聖主法之王　安慰无量衆
我若滅度時　汝等勿憂怖　是德藏菩薩　於无漏實相
心已得通達　其次當作佛　号曰為淨身　亦度无量衆
佛此夜滅度　如薪盡火滅　分布諸舍利　而起无量塔
比丘比丘尼　其數如恒沙　倍復加精進　以求无上道
是妙光法師　奉持佛法藏　八十小劫中　廣宣法華經
是諸八王子　妙光所開化　堅固无上道　當見无數佛
供養諸佛已　隨順行大道　相繼得成佛　轉次而授記
最後天中天　号曰然燈佛　諸仙之導師　度脫无量衆
是妙光法師　時有一弟子　心常懷懈怠　貪著於名利

最後天中天　号曰然燈佛　諸仙之導師　度脱无量衆
是妙光法師　時有一弟子　心常懷懈怠　貪著於名利
求名利無猒　多遊族姓家　棄捨所習誦　廢忘不通利
以是因緣故　号之為求名　亦行衆善業　得見无數佛
供養於諸佛　隨順行大道　具六波羅蜜　今見釋師子
其後當作佛　号名曰弥勒　廣度諸衆生　其數无有量
彼佛滅度後　懈怠者汝是　妙光法師者　今則我身是
我見燈明佛　本光瑞如此　以是知今佛　欲說法華經
今相如本瑞　是諸佛方便　今佛放光明　助發實相義
諸人今當知　合掌一心待　佛當雨法雨　充足求道者
諸求三乘人　若有疑悔者　佛當為除斷　令盡無有餘

妙法蓮華經方便品第二

尒時世尊從三昧安詳而起告舍利弗諸佛
智慧甚深无量其智慧門難解難入一切聲

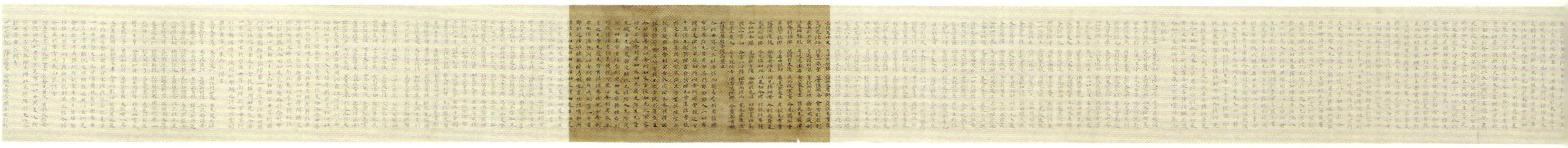

聞辟支佛所不能知所以者何佛曾親近百
千萬億无數諸佛盡行諸佛无量道法勇猛
精進名稱普聞成就甚深未曾有法隨宜所
說意趣難解舍利弗吾從成佛已來種種因
緣種種譬喻廣演言教无數方便引導衆生
令離諸著所以者何如來方便知見波羅蜜
皆已具足舍利弗如來知見廣大深遠无量
无礙力无所畏禪定解脫三昧深入无際成
就一切未曾有法舍利弗如來能種種分別
巧說諸法言詞柔輭悅可衆心舍利弗取要
言之无量无邊未曾有法佛悉成就止舍利
弗不須復說所以者何佛所成就第一希有
難解之法唯佛與佛乃能究盡諸法實相所
謂諸法如是相如是性如是體如是力如是

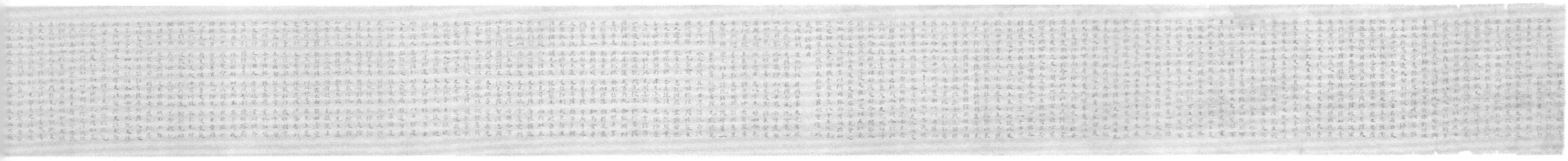

難解之法，唯佛與佛乃能究盡諸法實相，所
謂諸法如是相、如是性、如是體、如是力、如是
作、如是因、如是緣、如是果、如是報、如是本末
究竟等。尒時世尊欲重宣此義而說偈言：
世雄不可量　諸天及世人　一切衆生類　無能知佛者
佛力无所畏　解脫諸三昧　及佛諸餘法　無能測量者
本從无數佛　具足行諸道　甚深微妙法　難見難可了
於无量億劫　行此諸道已　道場得成果　我已悉知見
如是大果報　種種性相義　我及十方佛　乃能知是事
是法不可示　言詞相寂滅　諸餘衆生類　無有能得解
除諸菩薩衆　信力堅固者　諸佛弟子衆　曾供養諸佛
一切漏已盡　住是最後身　如是諸人等　其力所不堪
假使滿世間　皆如舍利弗　盡思共度量　不能測佛智
正使滿十方　皆如舍利弗　及餘諸弟子　亦滿十方刹

盡思共度量　不能測佛智　辟支佛利智　无漏最後身
亦滿十方界　其數如竹林　斯等共一心　於億无量劫
欲思佛實智　莫能知少分　新發意菩薩　供養无數佛
了達諸義趣　又能善說法　如稻麻竹葦　充滿十方剎
一心以妙智　於恒河沙劫　咸皆共思量　不能知佛智
不退諸菩薩　其數如恒沙　一心共思求　亦復不能知
又告舍利弗　无漏不思議　甚深微妙法　我今已具得
唯我知是相　十方佛亦然　舍利弗當知　諸佛語無異
於佛所說法　當生大信力　世尊法久後　要當說真實
告諸聲聞眾　及求緣覺乘　我令脫苦縛　逮得涅槃者
佛以方便力　示以三乘教　眾生處處著　引之令得出
尒時大眾中有諸聲聞漏盡阿羅漢阿若
憍陳如等千二百人及發聲聞辟支佛心比

BD00136　妙法蓮華經卷一

憍陳如等千二百人及發聲聞辟支佛心比
丘比丘尼優婆塞優婆夷各作是念今者世尊
何故慇懃稱歎方便而作是言佛所得法甚
深難解有所言說意趣難知一切聲聞辟支
佛所不能及佛說一解脫義我等亦得此法
到於涅槃而今不知是義所趣尒時舍利弗
知四衆心疑自亦未了而白佛言世尊何因
何緣慇懃稱歎諸佛第一方便甚深微妙難
解之法我自昔來未曾從佛聞如是說今者
四衆咸皆有疑唯願世尊敷演斯事世尊何
故慇懃稱歎甚深微妙難解之法尒時舍利
弗欲重宣此義而說偈言
慧日大聖尊　久乃說是法　自說得如是　力无畏三昧
禪定解脫等　不可思議法　道場所得法　無能發問者

我意難可測　亦無有問者　無問而自說　稱歎所行道
智慧甚深妙　諸佛之所得　无漏諸羅漢　及求涅槃者
今皆墮疑網　佛何故說是　其求緣覺者　比丘比丘尼
諸天龍鬼神　及乾闥婆等　相視懷猶豫　瞻仰兩足尊
是事為云何　願佛為解說　於諸聲聞眾　佛說我第一
我今自於智　疑惑不能了　為是究竟法　為是所行道
佛口所生子　合掌瞻仰待　願出微妙音　時為如實說
諸天龍神等　其數如恒沙　求佛諸菩薩　大數有八萬
又諸萬億國　轉輪聖王至　合掌以敬心　欲聞具足道
尒時佛告舍利弗止止不須復說若說是事
一切世間諸天及人皆當驚疑舍利弗重白
佛言世尊唯願說之唯願說之所以者何是
會无數百千萬億阿僧祇眾生曾見諸佛諸

BD00136　妙法蓮華經卷一

佛言世尊唯願說之唯願說之所以者何是
會无數百千萬億阿僧祇衆生曾見諸佛諸
根猛利智慧明了聞佛所說則能敬信尒時
舍利弗欲重宣此義而說偈言
法王無上尊　唯說願勿慮　是會无量衆　有能敬信者
佛復止舍利弗若說是事一切世間天人阿
脩羅皆當驚疑增上慢比丘將墜於大坑尒
時世尊重說偈言
止止不須說　我法妙難思　諸增上慢者　聞必不敬信
尒時舍利弗重白佛言世尊唯願說之唯願
說之今此會中如我等比百千萬億世世已
曾從佛受化如此人等必能敬信長夜安隱
多所饒益尒時舍利弗欲重宣此義而說偈

无上兩足尊　願說第一法　我爲佛長子　唯垂分別說
是會无量衆　能敬信此法　佛已曾世世　教化如是等
皆一心合掌　欲聽受佛語　我等千二百　及餘求佛者
願爲此衆故　唯垂分別說　是等聞此法　則生大歡喜
尒時世尊告舍利弗汝已慇懃三請豈得不
說汝今諦聽善思念之吾當爲汝分別解說
說此語時會中有比丘比丘尼優婆塞優婆
夷五千人等即從座起禮佛而退所以者何
此輩罪根深重及增上慢未得謂得未證謂
證有如此失是以不住世尊嘿然而不制心
尒時佛告舍利弗我今此衆無復枝葉純有
貞實舍利弗如是增上慢人退亦佳矣汝今
善聽當爲汝說舍利弗言唯然世尊願樂欲
聞佛告舍利弗如是妙法諸佛如來時乃說

貞實舍利弗如是增上慢人退亦佳矣汝今
善聽當爲汝説舍利弗言唯然世尊願樂欲
聞佛告舍利弗如是妙法諸佛如來時乃説
之如優曇鉢華時一現耳舍利弗汝等當信
佛之所説言不虚妄舍利弗諸佛隨宜説法
意趣難解所以者何我以无數方便種種因
緣譬喻言詞演説諸法是法非思量分別之
所能解唯有諸佛乃能知之所以者何諸佛
世尊唯以一大事因緣故出現於世舍利弗
云何名諸佛世尊唯以一大事因緣故出現
於世諸佛世尊欲令衆生開佛知見使得清
淨故出現於世欲示衆生佛之知見故出現
於世欲令衆生悟佛知見故出現於世欲令
衆生入佛知見道故出現於世舍利弗是爲

諸佛唯一大事因緣故出現於世佛告舍利
弗諸佛如來但教化菩薩諸有所作常為一
事唯以佛之知見示悟眾生舍利弗如來但
以一佛乘故為眾生說法無有餘乘若二若
三舍利弗一切十方諸佛法亦如是舍利弗
過去諸佛以无量无數方便種種因緣譬喻
言詞而為眾生演說諸法是法皆為一佛乘
故是諸眾生從諸佛聞法究竟皆得一切種
智舍利弗未來諸佛當出於世亦以无量无
數方便種種因緣譬喻言詞而為眾生演說
諸法是法皆為一佛乘故是諸眾生從佛聞
法究竟皆得一切種智舍利弗現在十方无
量百千萬億佛土中諸佛世尊多所饒益安
樂眾生是諸佛亦以无量无數方便種種因

法究竟皆得一切種智舍利弗現在十方无
量百千萬億佛土中諸佛世尊多所饒益安
樂衆生是諸佛亦以无量无數方便種種因
緣辟喻言詞而爲衆生演説諸法是法皆爲
一佛乘故是諸衆生從佛聞法究竟皆得一
切種智舍利弗是諸佛但教化菩薩欲以佛
之知見示衆生故欲以佛之知見悟衆生故
欲令衆生入佛之知見故舍利弗我今亦復
如是知諸衆生有種種欲深心所著随其本
性以種種因緣辟喻言詞方便力故而爲説
法舍利弗如此皆爲得一佛乘一切種智故
舍利弗十方世界中尚無二乘何况有三舍
利弗諸佛出於五濁惡世所謂劫濁煩惱濁
衆生濁見濁命濁如是舍利弗劫濁亂時衆

生垢重慳貪嫉妒成就諸不善根故諸佛以
方便力於一佛乘分別說三舍利弗若我弟
子自謂阿羅漢辟支佛者不聞不知諸佛如
來但教化菩薩事此非佛弟子非阿羅漢非
辟支佛又舍利弗是諸比丘比丘尼自謂已
得阿羅漢是最後身究竟涅槃便不復志求
阿耨多羅三藐三菩提當知此輩皆是增上
慢人所以者何若有比丘實得阿羅漢若不
信此法無有是處除佛滅度後現前無佛所
以者何佛滅度後如是等經受持讀誦解其
義者是人難得若遇餘佛於此法中便得決
了舍利弗汝等當一心信解受持佛語諸佛
如來言無虛妄無有餘乘唯一佛乘爾時世
尊欲重宣此義而說偈言

BD00136　妙法蓮華經卷一

如來言無虛妄無有餘乘唯一佛乘爾時世
尊欲重宣此義而說偈言
比丘比丘尼　有懷增上慢　優婆塞我慢　優婆夷不信
如是四眾等　其數有五千　不自見其過　於戒有缺漏
護惜其瑕疵　是小智已出　眾中之糟糠　佛威德故去
斯人尠福德　不堪受是法　此眾無枝葉　唯有諸貞實
舍利弗善聽　諸佛所得法　无量方便力　而為眾生說
眾生心所念　種種所行道　若干諸欲性　先世善惡業
佛悉知是已　以諸緣譬喻　言詞方便力　令一切歡喜
或說脩多羅　伽陁及本事　本生未曾有　亦說於因緣
譬喻并祇夜　優波提舍經　鈍根樂小法　貪著於生死
於諸无量佛　不行深妙道　眾苦所惱亂　為是說涅槃
我設是方便　令得入佛慧　未曾說汝等　當得成佛道
所以未曾說　說時未至故　今正是其時　決定說大乘

我此九部法　隨順眾生說　入大乘為本　以故說是經
有佛子心淨　柔軟亦利根　无量諸佛所　而行深妙道
為此諸佛子　說是大乘經　我記如是人　來世成佛道
以深心念佛　修持淨戒故　此等聞得佛　大喜充遍身
佛知彼心行　故為說大乘　聲聞若菩薩　聞我所說法
乃至於一偈　皆成佛無疑　十方佛土中　唯有一乘法
無二亦無三　除佛方便說　但以假名字　引導於眾生
說佛智慧故　諸佛出於世　唯此一事實　餘二則非真
終不以小乘　濟度於眾生　佛自住大乘　如其所得法
定慧力莊嚴　以此度眾生　自證无上道　大乘平等法
若以小乘化　乃至於一人　我則墮慳貪　此事為不可
若人信歸佛　如來不欺誑　亦無貪嫉意　斷諸法中惡
故佛於十方　而獨無所畏　我以相嚴身　光明照世間
无量眾所尊　為說實相印　舍利弗當知　我本立誓願

故佛於十方　而獨無所畏　我以相嚴身　光明照世間
无量衆所尊　爲說實相印　舍利弗當知　我本立誓願
欲令一切衆　如我等無異　如我昔所願　今者已滿足
化一切衆生　皆令入佛道　若我遇衆生　盡教以佛道
無智者錯亂　迷惑不受教　我知此衆生　未曾脩善本
堅著於五欲　癡愛故生惱　以諸欲因緣　墜墮三惡道
輪迴六趣中　備受諸苦毒　受胎之微形　世世常增長
薄德少福人　衆苦所逼迫　入邪見稠林　若有若無等
依止此諸見　具足六十二　深著虛妄法　堅受不可捨
我慢自矜高　諂曲心不實　於千萬億劫　不聞佛名字
亦不聞正法　如是人難度　是故舍利弗　我爲設方便
說諸盡苦道　示之以涅槃　我雖說涅槃　是亦非真滅
諸法從本來　常自寂滅相　佛子行道已　來世得作佛
我有方便力　開示三乘法　一切諸世尊　皆說一乘道

今此諸大衆　皆應除疑惑　諸佛語無異　唯一無二乘
過去无數劫　无量滅度佛　百千萬億種　其數不可盡
如是諸世尊　種種緣譬喻　无數方便力　演說諸法相
是諸世尊等　皆說一乘法　化无量衆生　令入於佛道
又諸大聖主　知一切世間　天人羣生類　深心之所欲
更以異方便　助顯第一義　若有衆生類　值諸過去佛
若聞法布施　或持戒忍辱　精進禪智等　種種脩福德
如是諸人等　皆已成佛道　諸佛滅度已　若人善軟心
如是諸衆生　皆已成佛道　諸佛滅度已　供養舍利者
起萬億種塔　金銀及頗梨　車渠與瑪瑙　玫瑰琉璃珠
清淨廣嚴飾　莊校於諸塔　或有起石廟　栴檀及沈水
木櫁并餘材　甎瓦泥土等　若於曠野中　積土成佛廟
乃至童子戲　聚沙為佛塔　如是諸人等　皆已成佛道

乃至童子戲　聚沙爲佛塔　如是諸人等　皆已成佛道
若人爲佛故　建立諸形像　刻彫成衆相　皆已成佛道
或以七寶成　鍮石赤白銅　白鑞及鉛錫　鐵木及與泥
或以膠漆布　嚴飾作佛像　如是諸人等　皆已成佛道
綵畫作佛像　百福莊嚴相　自作若使人　皆已成佛道
乃至童子戲　若草木及筆　或以指爪甲　而畫作佛像
如是諸人等　漸漸積功德　具足大悲心　皆已成佛道
但化諸菩薩　度脫无量衆　若人於塔廟　寶像及畫像
以華香幡蓋　敬心而供養　若使人作樂　擊鼓吹角貝
簫笛琴箜篌　琵琶鐃銅鈸　如是衆妙音　盡持以供養
或以歡喜心　歌唄頌佛德　乃至一小音　皆已成佛道
若人散亂心　乃至以一華　供養於畫像　漸見无數佛
或有人禮拜　或復但合掌　乃至舉一手　或復小低頭

以此供養像　漸見无量佛　自成无上道　廣度无數衆
入无餘涅槃　如薪盡火滅　若人散乱心　入於塔廟中
一稱南无佛　皆已成佛道　於諸過去佛　在世或滅後
若有聞是法　皆已成佛道　未來諸世尊　其數无有量
是諸如來等　亦方便說法　一切諸如來　以无量方便
度脫諸衆生　入佛无漏智　若有聞法者　無一不成佛
諸佛本誓願　我所行佛道　普欲令衆生　亦同得此道
未來世諸佛　雖說百千億　无數諸法門　其實爲一乘
諸佛兩足尊　知法常無性　佛種從緣起　是故說一乘
是法住法位　世間相常住　於道場知已　導師方便說
天人所供養　現在十方佛　其數如恒沙　出現於世間
安隱衆生故　亦說如是法　知苐一寂滅　以方便力故
雖示種種道　其實爲佛乘　知衆生諸行　深心之所念
過去所習業　欲性精進力　及諸根利鈍　以種種因緣

過去所習業　欲性精進力　及諸根利鈍　以種種因緣
譬喻亦言詞　隨應方便說　今我亦如是　安隱眾生故
以種種法門　宣示於佛道　我以智慧力　知眾生性欲
方便說諸法　皆令得歡喜　舍利弗當知　我以佛眼觀
見六道眾生　貧窮無福慧　入生死險道　相續苦不斷
深著於五欲　如犛牛愛尾　以貪愛自蔽　盲瞑無所見
不求大勢佛　及與斷苦法　深入諸邪見　以苦欲捨苦
為是眾生故　而起大悲心　我始坐道場　觀樹亦經行
於三七日中　思惟如是事　我所得智慧　微妙最第一
眾生諸根鈍　著樂癡所盲　如斯之等類　云何而可度
爾時諸梵王　及諸天帝釋　護世四天王　及大自在天
并餘諸天眾　眷屬百千萬　恭敬合掌禮　請我轉法輪
我即自思惟　若但讚佛乘　眾生沒在苦　不能信是法

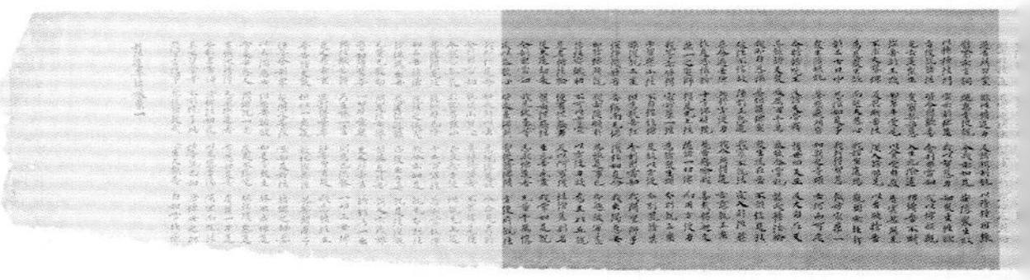

破法不信故　墮於三惡道　我寧不說法　疾入於涅槃
尋念過去佛　所行方便力　我今所得道　亦應說三乘
作是思惟時　十方佛皆現　梵音慰喻我　善哉釋迦文
第一之導師　得是无上法　隨諸一切佛　而用方便力
我等亦皆得　最妙第一法　為諸眾生類　分別說三乘
少智樂小法　不自信作佛　是故以方便　分別說諸果
雖復說三乘　但為教菩薩　舍利弗當知　我聞聖師子
深淨微妙音　喜稱南无佛　復作如是念　我出濁惡世
如諸佛所說　我亦隨順行　思惟是事已　即趣波羅奈
諸法寂滅相　不可以言宣　以方便力故　為五比丘說
是名轉法輪　便有涅槃者　及以阿羅漢　法僧差別名
從久遠劫來　讚示涅槃法　生死苦永盡　我常如是說
舍利弗當知　我見佛子等　志求佛道者　无量千萬億
咸以恭敬心　皆來至佛所　曾從諸佛聞　方便所說法

咸以恭敬心　皆來至佛所　曾從諸佛聞　方便所說法
我即作是念　如來所以出　為說佛慧故　今正是其時
舍利弗當知　鈍根小智人　著相憍慢者　不能信是法
今我喜無畏　於諸菩薩中　正直捨方便　但說无上道
菩薩聞是法　疑網皆已除　千二百羅漢　悉亦當作佛
如三世諸佛　說法之儀式　我今亦如是　說无分別法
諸佛興出世　懸遠值遇難　正使出于世　說是法復難
无量无數劫　聞是法亦難　能聽是法者　斯人亦復難
譬如優曇華　一切皆愛樂　天人所希有　時時乃一出
聞法歡喜讚　乃至發一言　則為已供養　一切三世佛
是人甚希有　過於優曇華　汝等勿有疑　我為諸法王
普告諸大眾　但以一乘道　教化諸菩薩　無聲聞弟子
汝等舍利弗　聲聞及菩薩　當知是妙法　諸佛之祕要

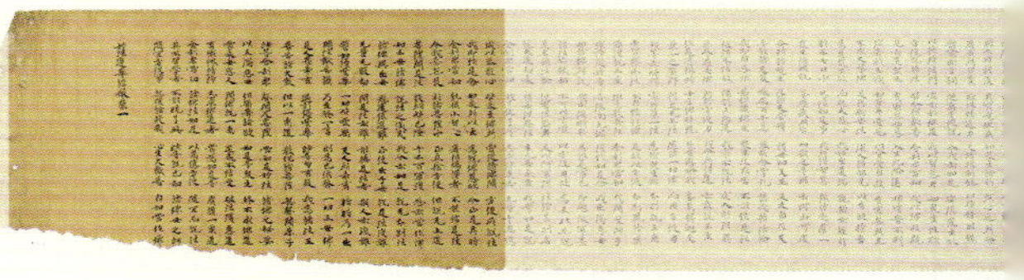

以五濁惡世　但樂著諸欲　如是等衆生　終不求佛道
當來世惡人　聞佛說一乘　迷惑不信受　破法墮惡道
有慚愧清淨　志求佛道者　當爲如是等　廣讚一乘道
舍利弗當知　諸佛法如是　以萬億方便　隨宜而說法
其不習學者　不能曉了此　汝等說已知　諸佛世之師
隨宜方便事　無復諸疑惑　心生大歡喜　自知當作佛

妙法蓮華經卷第一

BD00136　妙法蓮華經卷一

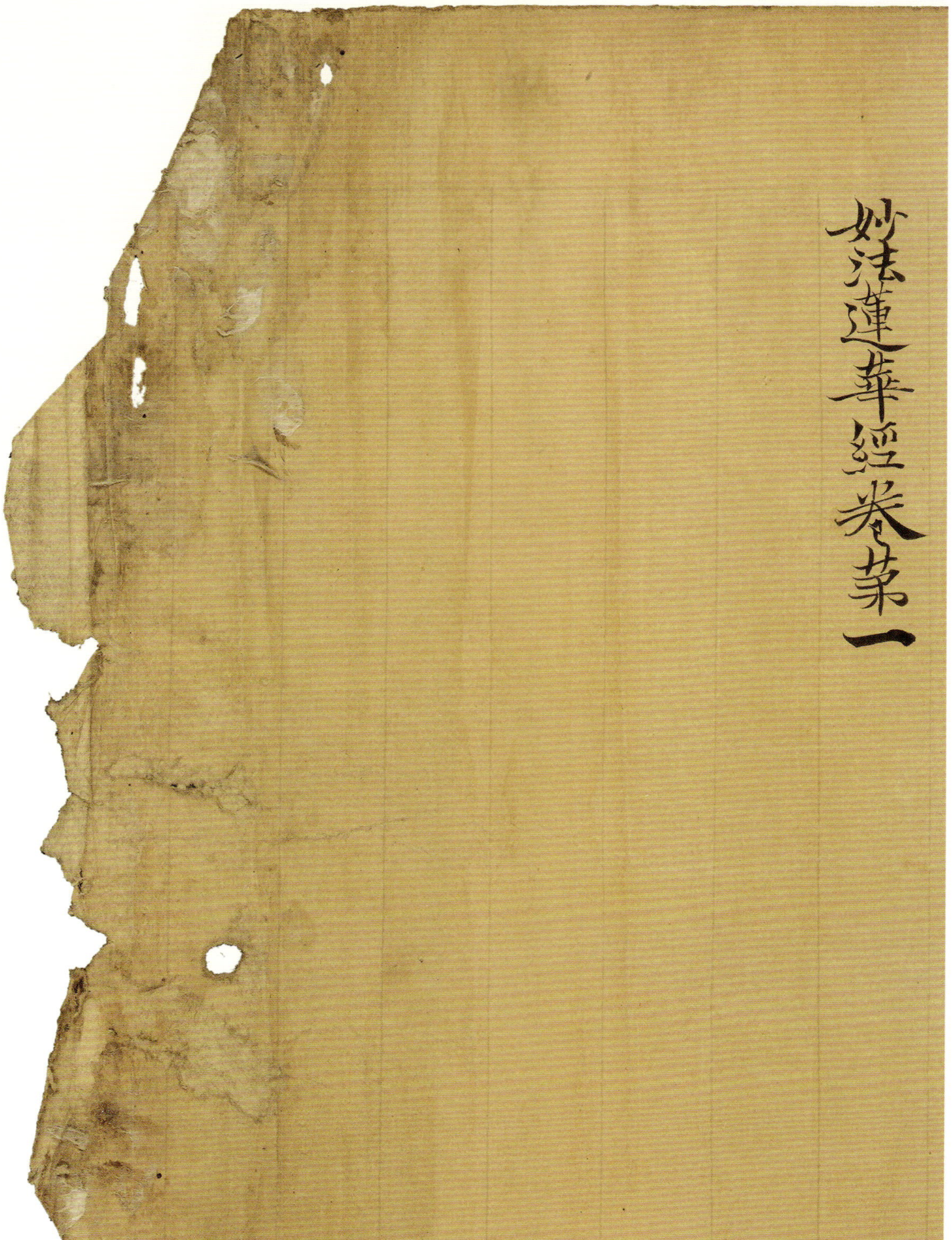

妙法蓮華經卷第一

圖書在版編目（CIP）數據

中國國家圖書館藏敦煌文獻．第一〇册／中國國家圖書館編．—北京：國家圖書館出版社，2023.12

ISBN 978-7-5013-7885-2

Ⅰ．①中… Ⅱ．①中… Ⅲ．①敦煌學－文獻 Ⅳ．①K870.6

中國國家版本館 CIP 數據核字（2023）第 217345 號

書　　名	中國國家圖書館藏敦煌文獻·第一〇册
著　　者	中國國家圖書館　編
項目統籌	魏　崇　殷夢霞
責任編輯	潘　竹　程魯潔　黄　鑫　苗文葉
責任校對	劉宇石　王　衡
出版發行	國家圖書館出版社（北京市西城區文津街 7 號　100034） （原書目文獻出版社　北京圖書館出版社） 010-66114536　63802249　nlcpress@nlc.cn（郵購）
網　　址	http://www. nlcpress. com
排版印裝	天津裕同印刷有限公司
版次印次	2023 年 12 月第 1 版　2023 年 12 月第 1 次印刷
開　　本	787 × 1092　1/8
印　　張	42.5
書　　號	ISBN　978-7-5013-7885-2
定　　價	2800.00 圓